믿음의 불편한 진실
종교

미래생각발전소 07 믿음의 불편한 진실, 종교

초판 1쇄 발행 2012년 11월 9일
초판 13쇄 발행 2025년 3월 20일

글쓴이 김성호 | **그린이** 권영묵
펴낸이 김민지 | **펴낸곳** 미래M&B
등록 1993년 1월 8일(제10-772호)
주소 04030 서울시 마포구 동교로 134(서교동 464-41) 미진빌딩 2층
전화 02-562-1800 | **팩스** 02-562-1885
전자우편 mirae@miraemnb.com | **홈페이지** www.miraei.com
블로그 blog.naver.com/miraeibooks | **인스타그램** @mirae_ibooks
ISBN 978-89-8394-722-2 74300 | ISBN 978-89-8394-550-1 (세트)

글 ⓒ 김성호, 2012 · 그림 ⓒ 권영묵, 2012
사진 ⓒ (주)멀티비츠이미지

* 잘못 만들어진 책은 구입처에서 바꾸어 드립니다.
* 이 책은 저작권법에 따라 한국 내에서 보호받는 저작물이므로 무단 전재와 복제를 금합니다.

아이의 미래를 여는 힘, **미래i아이**는 미래M&B가 만든 유아 · 아동 도서 브랜드입니다.

지식과 생각의 레벨업
미래생각발전소

믿음의 불편한 진실
종교

김성호 글 | 권영묵 그림

미래i아이

○ 머리말

    종교의 역사는 인류의 역사와 일치해요. 농사를 짓기 전부터, 문자를 사용하기 훨씬 전부터 인류는 종교를 만들어 냈고, 우리에게 유산으로 물려주었어요. 시대마다 그 모습과 이름은 달랐지만 그 뜻만은 변하지 않은 채로요. 1만 년 전, 프랑스에 살던 구석기인들이 더 많은 사냥감이 잡히기를 기원하면서 동굴 벽에 동물 그림을 그렸듯이 오늘날 우리도 기도를 올리고 불공을 드려요. 오늘날 지구 상 인류의 60퍼센트가 종교 생활을 하고 있어요.

    그러나 종교를 대하는 모습은 똑같지가 않아요. 열심히 종교를 믿는 사람도 있지만 그렇지 않은 사람도 있어요. 종교가 우리 삶에 꼭 필요하다고 믿는 사람도 있지만 전혀 도움이 안 된다고 생각하는 사람도 있고요. 나의 종교만이 최고라고 믿는 사람도 있지요.

    이렇게 많은 사람들이 종교를 믿고 있지만, 대부분 자기의 종교 말고는 잘 알지 못하거나 알려고 하지 않는 것이 현실이에요. 교회나 성당을 다니는 사람은 불교를 잘 모르고, 절에 다니는 사람은 이슬람교와 기독교를 잘 몰라요. 그런데 문제는 이런 무지에서 서로 오해가 생기고, 오해는 갈등을 낳고, 갈등은 대립으로 이어지곤 한다는 것이지요.

    '하나의 종교만 아는 사람은 종교를 모른다.'는 말이 있어요. 편식을 하는 어린이가 건강한 어른으로 성장할 수 없듯, 나의 믿음만을 고집하는 태도 역시 바람직하지 않아요.

고등학교 때 저는 사회 과목들 중 세계사를 선택하지 않았어요. '교회 다니지 않으면 시작도 하지 마!'라고 선생님이 충고했거든요. 서양의 역사는 기독교를 모르면 불리하다는 얘기여서 무교인 저는 지리와 사회를 선택해 공부했어요. 하지만 그 대가로 대학생이 되어서도 개신교와 천주교를 구별할 수 없었어요. 심지어 천주교는 구약을 믿고, 개신교는 신약을 믿으며 천주교의 신은 성모 마리아, 개신교의 신은 예수라고 생각했어요. 불교에 대해서도 마찬가지였죠. 만화 영화 손오공을 보면서 '관세음보살은 여자구나!'라고 생각했을 정도였으니까요.

그랬던 제가 종교에 관심을 갖게 된 것은 걸프 전쟁 때문이었어요. 그때까지 이슬람이란 석유가 많이 나는 나라, 여자들이 천으로 얼굴을 가리고 다니는 나라 정도로만 알고 있었지요. 어쨌든 전쟁을 계기로 들여다보게 된 이슬람은 그동안 내가 알고 있던 모습과 달라도 너무 달랐어요.

뭐니 뭐니 해도 가장 큰 충격은 이슬람의 뿌리가 유대교라는 사실이었어요. 기독교와 같은 구약을 공유한다는 사실도요. 그래서 좀 더 종교를 알아야겠다고 결심했고, 이 책까지 쓰게 되었답니다. 혹시라도 저 같은 학생이 나오지 않았으면 하는 바람으로요. 종교를 믿든, 믿지 않든 열린 마음으로 타 종교를 인정하고 존중하는 여러분이 되었으면 하는 마음입니다.

2012년 원주에서 김성호

○ 목차

머리말 ⋯ 4

종교가 생겨나다

종교란 무엇일까? ⋯ 14
종교는 어떻게 생겨났을까? ⋯ 16
신들의 전성시대 ⋯ 18
종교, 권력과 만나다 ⋯ 21

신들의 전쟁

처음으로 하나의 신을 믿은 유대인 ⋯ 28
드디어 충돌한 일신교와 다신교 ⋯ 31
최후의 승자는 일신교 ⋯ 34
독특했던 동양의 종교 ⋯ 38

서양의 종교

세 종교의 성지, 예루살렘 … 44
유대교, 서양 종교의 어머니 … 48
토라, 드디어 책으로 만들어지다 … 52
유대교와 조로아스터교와의 만남 … 55
예수, 그자가 무슨 메시아야? … 60
바라바가 좋겠네요! … 63
기독교와 유대교의 차이점 … 67
예수는 신일까? 인간일까 … 70
십자군 전쟁 … 72
종교 개혁 … 78
무함마드와 이슬람교의 등장 … 86
이슬람은 어떤 종교일까? … 90
기독교와 비슷하지만 다른 이슬람교 … 93
이슬람교에 대한 오해들 … 95
시아파는 뭐고 수니파는 또 뭐지? … 98

동양의 종교

아바타와 힌두교 ··· 104
카스트 제도와 윤회 ··· 108
깨달음을 얻은 왕자, 싯다르타 ··· 112
신에 의존하지 마! ··· 115
쓰지 말고 외워! ··· 117
누구보고 소승 불교래! ··· 119
부처와 알렉산더 대왕 ··· 122
중국에 들어온 불교 ··· 125
공자, 유교의 창시자 ··· 128
폐하, 유학을 받아들이세요! ··· 130

종교들, 이렇게 전파되다

기독교, 유럽을 흡수하다 ··· 136
신대륙 발견과 기독교 전파 ··· 139
조총과 기독교 전파 ··· 143
아편 전쟁과 기독교 전파 ··· 146
• 생각발전소 – 조선의 천주교 탄압 ··· 150
종이와 이슬람교의 전파 ··· 154

왜 기독교와 이슬람은 싸울까?

기독교와 이슬람교는 견원지간 … 162
- 생각발전소 – 수쿠크 법 … 166

지킬 수 없는 약속을 한 영국 … 168

이스라엘 건국과 석유 … 171

이슬람 원리주의 vs 기독교 근본주의 … 175

- 에필로그 … 180

chapter I

종교가 생겨나다

너의 믿음, 나의 믿음, 종교.
너와 내가 다르듯
종교도 사람마다 다르다.

종교란 무엇일까?

혹시, 우리나라에 교회가 몇 곳이나 되는지 아세요? 놀라지 마세요. 무려 6만 곳이에요. 전국 슈퍼마켓 수의 9배이고, 짜장면 집의 2배가 넘어요. 또, 세계에서 가장 큰 교회를 비롯하여 50대 대형 교회들 가운데 23곳이 우리나라에 있어요. 그 밖에 불교 사찰의 수는 약 6천, 천주교 성당은 약 1천 5백, 이슬람 사원은 5곳이 있어요.

통계에 의하면 우리 국민 3명 중 2명은 종교를 믿고 있다고 해요. 종교가 무엇이기에 이토록 많은 사람들이 믿는 걸까요? 사실 종교가 무엇인지 콕 집어 설명하기는 무척 어려워요. '절대자를 믿는 신앙'이라고 하는 사람도 있고, '초월적인 세계에 대한 궁금증'이라고 하는 사람도 있어요. '실존의 체험'이라는 좀 어려운 대답을 한 사람도 있고요.

이처럼 종교를 한마디로 설명하기는 힘들어요. 종교마다 특징이 다 다르기 때문이지요.
기독교는 하느님을 믿고 의지하는 것을 중요하게 생각해요. 반면 불교는 스스로 깨닫는 것을 더 중요하게 생각하지요. 기독교, 이슬람교는 천국과 지옥 같은 죽은 뒤 세계를 믿지만, 유교는 죽은 뒤 세계에 대해서는 아예 관심이 없어요.

종교를 믿는 목적도 사람마다 달라요. 얼마 전, 우리 국민에게 종교를 믿는 이유를 조사했더니, '마음의 평안을 얻기 위해서'라는 대답이 가장 많았고, '복을 많이 받으려고'가 그 뒤를, 나머지가 '죽은 다음 영원한 삶을 찾기 위해서', '삶의 의미를 찾기 위해서' 순으로 나왔어요.

반면 종교를 부정적으로 보는 사람들도 있어요. 종교를 비판한 인물들 중에는 유명한 사람들도 적지 않아요.

> 종교는 마약이다 – 칼 마르크스
> 사람들이 종교에 의지하는 것은 노이로제 현상 – 프로이트

종교를 설명하는 것이 참 쉽지 않죠? 오죽하면 종교 학자들까지도 종교에 대한 정의는 내릴 수 없다고 할까요.

종교는 어떻게 생겨났을까?

갓난아이는 모든 것을 엄마에게 의존해요. 배가 고프면 울고, 철퍼덕 넘어지거나 똥을 눠도 어쩔 줄 몰라 울지요. 아기에게 엄마는 종교와 같아요. 엄마는 이런 아기의 모든 것을 알아듣고 들어주니까요.

오랜 옛날의 인류도 아기처럼 매우 약한 존재였어요. 그래서 모든 것을 자연에 의존해야만 했지요. 나무에서는 열매와 땔감을, 호수와 강에서는 물고기를, 숲에서는 사냥감과 옷감의 재료인 섬유질과 가죽을, 동굴은 그들에게 피난처와 잠자리를 제공해 주었어요. 하지만 이렇게 베풀기만 했다면 인간은 결코 자연을 숭배하지 않았을 거예요. 당연한 것이라 생각했을 테니까요.

자연은 때로는 엄한 엄마의 모습도 보였어요. 홍수와 가뭄, 지진과 화산 폭발, 태풍과 같은 자연재해가 그것이지요. 그럴 때마다 인간은 많은 것을 잃어야 했어요. 목숨까지도 말이에요. **아직 자연의 이치를 알 수 없던 인류에게 자연은 이렇게 고마움과 두려움의 두 얼굴을 가진 존재였어요. 그래서 눈에 보이지는 않지만 죽음까지도 조화를 부리는 위**

대한 분이 있다고 믿었어요. 그리고 그 위대한 분에게 근사한 이름을 하나 붙여 주었지요. 바로 '신(神)'이라고요. 사람들은 서둘러 신을 모시는 제단을 짓고 틈틈이 제물을 바쳤어요. 자연재해로부터 자신들을 지켜 달라는 의미였지요.

와, 무섭다. 저기에는 틀림없이 위대한 분이 있을 거야, 우리 눈에는 보이지 않지만.

다시 시간이 흘렀어요. 원시 시대가 끝나고 인류는 처음으로 농사를 짓고 한곳에 머물기 시작했어요. 그러나 여전히 신에게 많은 것을 의존해야 했어요. 홍수나 가뭄이 오면 꼼짝없이 굶주림에 시달려야 했으니까요. 사람들은 가뭄이 들면 신에게 제발 비를 내려 달라고 비는 제사(기우제)를 지냈어요. 또 가을에 잘 익은 곡식을 수확하면 잊지 않고 신에게 고마움을 표시했지요. 유대인의 오순절, 중국의 중추절, 일본의 오봉절, 한국의 추석이 바로 그날이에요. 이것이 인류 최초의 종교인 '원시 종교'*랍니다.

원시 종교

원시 사회나 현재까지 문화의 발달이 느리게 이어온 사회의 종교로, 신에 대한 체계적인 생각이나 교리, 경전, 교단 등이 없고 집단의식이 반영된 신념과 행동을 보인다. 영혼이나 자연을 숭배하는 애니미즘, 토테미즘이 있다.

신들의 전성시대

원시 종교를 믿는 인류는 모든 사물에 신성한 영혼, 정령이 있다고 믿었어요. 이것을 '애니미즘'이라고 불러요. 그리고 신성한 영혼들은 특정한 공간에 살고 있다고 믿었지요. 하늘에는 태양신, 사막에는 사막신, 연못에는 산신령, 바닷속에는 용왕처럼 말이죠. 그래서 애니미즘을 다른 말로 '다신교'라고도 해요. 신의 수가 많다는 뜻이에요.

한국인은 대표적인 다신교 민족이에요. 음식을 만들 때에는 부엌의 조왕신을, 애기를 낳을 때에는 삼신할머니를 찾았어요. 심지어 화장실에도 신(측간신)이 있다고 믿었지요. 마치 눈이 아프면 안과에 가고, 이가 아프면 치과에 가듯 우리 민족은 그때그때 필요에 따라 신을 믿었어요.

이렇게 신의 수가 많아지자 신의 말을 통역해 줄 사람들이 등장했어요. 평범한 사람들은 감히 신의 말을 들을 수 없으니까요. 대표적인 통역관이 무당이에요. 이를 '샤머니즘'이라고 불러요. 샤먼이란, '흥분하는 자'라는 뜻이에요.

　　다신교는 한국을 비롯해 전 세계적으로 유행했어요. 남미의 잉카 문명,* 신의 수만 3억 3천인 인도, 무려 800만이 넘는 신들을 믿은 일본 등이 대표적이지요. 고대 그리스와 고대 로마에도 이들 못지 않게 많은 신들이 있었고요. 바야흐로 신들의 전성시대였던 거예요.

　　신들로 북적대자 인간은 그들을 주인공으로 한 이야기를 만들었어요. 바로 '신화'예요. 인간의 상상력으로 만든 이야기이기 때문에 신들의 모습도 인간과 비슷해요. 대표적인 것이 그리스 로마 신화죠. 바람둥이 신(제우스), 그래서 질투를 하는 아내 여신(헤라), 때로는 자기들끼리 툭탁툭탁 다투기도 하고 결혼을 해서 아기도 낳아요. 그러다 심심해지면 인간 세상까지 놀러와 선물을 주기도 하고(프로메테우스), 인간의 사랑을 맺어 주기도 하지요(큐피드).

> **잉카 문명**
>
> 남아메리카 안데스 지대의 페루를 중심으로 16세기 초까지 잉카족이 이룩했던 청동기 문화를 일컫는다. 천을 짜고, 금을 가공하고, 계단식 밭을 일구어 농사를 지었다. '잉카'라는 말은 태양의 아들이라는 뜻인데, 잉카족은 태양을 중심으로 자연을 숭배하는 다신교를 믿었다. 16세기, 스페인 정복자들에 의해 멸망했다.

아예 인간과 결혼을 한 신도 있어요. 그 대표적인 것이 우리의 건국 신화예요. 고조선을 건국한 단군의 아빠와 엄마는 각각 신의 아들인 환웅과 곰에서 인간으로 변한 웅녀예요.

이렇게 인간과 닮은 신을 인격신이라고 해요. 하지만 오늘날 유대교, 기독교, 이슬람교의 신들에게서는 이런 모습을 찾을 수 없어요. 장난기도 없고 절대로 웃지 않는 엄숙한 표정이지요. 차이점은 또 있어요. 그리스 로마 신화에는 수많은 신들이 등장하지만, 그 어떤 신도 인간에게 가르침을 주진 않아요. 해서는 안 될 것, 지켜야 할 것 같은 도덕과 규범 같은 것들 말이에요. 그리스 로마에 나오는 신들은 무늬만 신이지 감정도 풍부하고 때로는 실수도 하는 우리 인간의 모습을 너무도 닮았어요. 이에 비해 지금의 신들은 인간들이 떠받들며 존경해야 하는 대상, 인간하고는 격이 다른 존재가 되어 버렸지요.

종교, 권력과 만나다

타임머신을 타고 1만 년 전으로 가 볼게요. 나뭇잎과 짐승 가죽으로 대충 몸을 가린 김 씨네 가족들이 살고 있어요. 같은 성씨를 사용하는 사람들이라고 해서 씨족 사회라고 하지요. 김 씨네는 힘을 합해 사슴 같은 동물을 잡아서 다 같이 나눠 먹어요. 시간이 흐르자, 김 씨네는 처음으로 농사를 짓기 시작했어요. 농사를 짓는 것은 숲 속에서 사냥하는 것보다 훨씬 생산량이 많았어요. 그렇지만 고민도 있었어요.

"밭 갈고, 씨 뿌리고, 수확하고……. 에휴, 우리 가족만으로는 힘드네."

그래서 김 씨네는 박 씨네 사람들과 같은 마을에서 살기 시작했어요. 서로 결혼도 하고요. 이렇듯 씨족끼리 합해진 것을 부족 사회라고 해요. 시간이 흐르자 부족들끼리도 뭉치는 부족 연맹이 일어났어요. 그리고 각 부족의 부족장들이 모여서 부족 연맹의 중요한 문제를 결정했지요. 그런데 부족 연맹의 덩어리가 너무 커지자 반장과 같은 대표가 필요했어요. 이렇게 해서 생겨난 것이 '국가'고 '왕'이에요. 그러나 모든 부족들이 왕의 말을 다 잘 들은 것은 아니에요.

"흥, 겨우 대표자 주제에 이래라 저래라 명령이야?"

왕은 고민했어요. 어떻게 하면 사람들이 자신의 말을 잘 들을 수 있을까? 방법이 있었어요. 자신은 평범한 인간이 아닌 신의 후손이라고 내세우는 것, **바로 종교를 이용하는 것**이었어요.

나는 왕이다. 또한 내 아버지는 하느님의 아들인 환웅이다. 그러니 나를 믿고 따르라!

그런데 그냥 말만 해서는 누가 그 말을 그대로 믿겠어요? 그래서 왕은 자신의 족보에 신과 관련된 이야기를 만들어 내요. 바로 건국 신화예요.

나의 조상은 태양의 여신 아마테라스와 오미카미 – 일본 천황

우리 아버지는 하느님의 아들인 환웅 – 단군

나의 조상은 미의 여신 베누스 – 로마를 건국한 로물루스

지구 상에 존재하는 모든 건국 이야기들에는 빠짐없이 신의 후손과 관련된 신화가 등장해요. 신의 후손에게 누가 감히 반란을 일으키고, 명령을 거역할 수 있겠어요?

더 나아가 왕은 백성들 앞에서 신에게 드리는 제사와 의식까지 직접 했어요. 신의 후손임을 보여 줘야 하니까요. 이를 제정일치*라고 해요. 왕이 제사와 정치를 함게 했다는 뜻의 제정일치는 고대 사회에서 매우 흔한 현상이었고 꽤 오랫동안 이어졌어요.

그러나 오늘날 대부분의 국가는 이를 법으로 금지하고 있어요. 특정 종교가 정치에 끼어들거나 권력자가 특정 종교의 편을 들어주면 종교의 자유가 무너지고 말테니까요. 그래서 오늘날은 정치와 종교를 분리하는 것을 국가마다 기본으로 삼고 있답니다.

제정일치

왕이 백성을 다스리는 일뿐 아니라 신에게 제사 지내는 것까지 직접 나서서 하는 걸 말한다. 우리의 단군도 제정일치 사회의 지도자였다. 단군의 '단'은 제사를 지내는 제단을 뜻하고 '군'은 임금을 뜻한다.

chapter II

신들의 전쟁

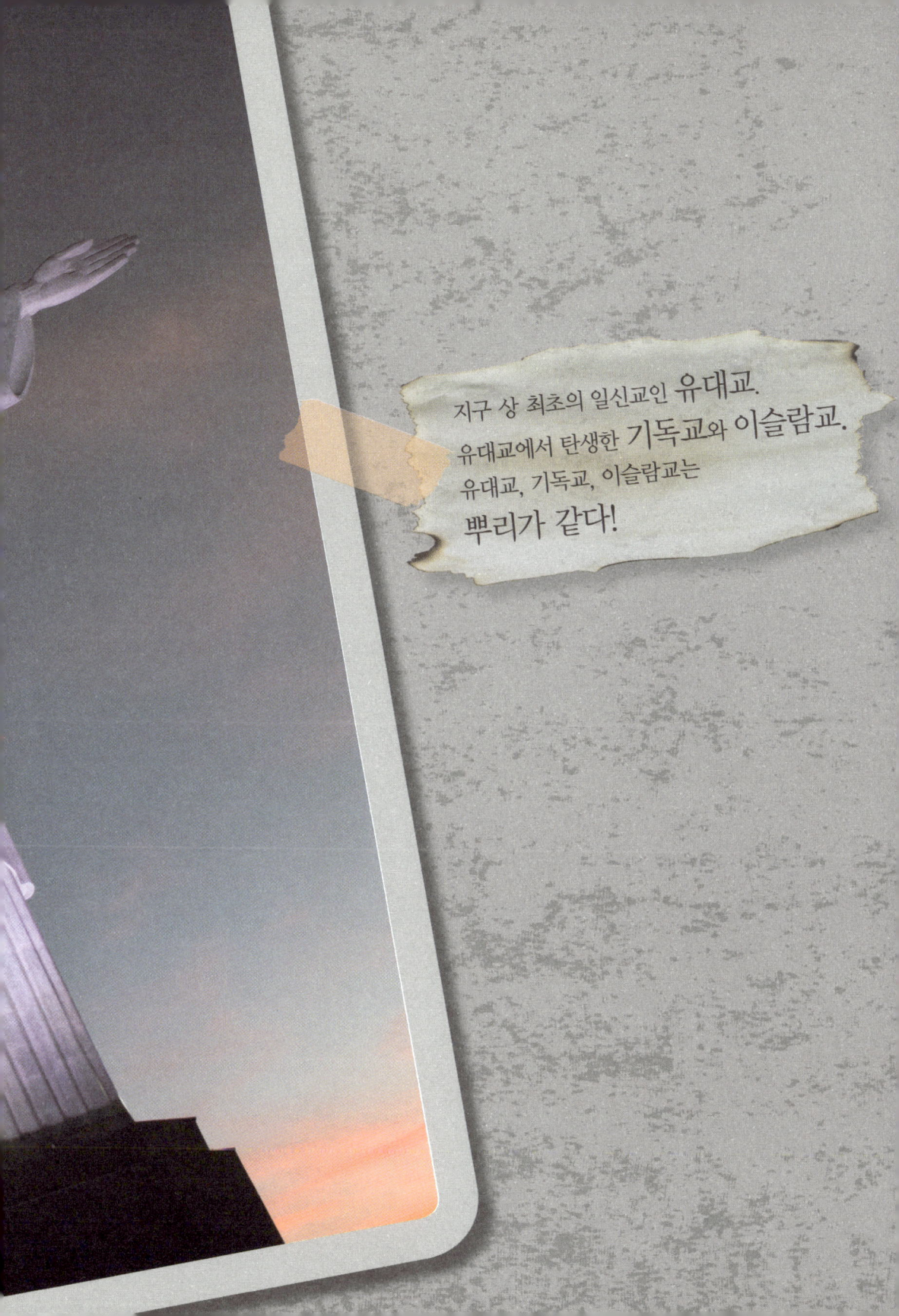

지구 상 최초의 일신교인 유대교.
유대교에서 탄생한 기독교와 이슬람교.
유대교, 기독교, 이슬람교는
뿌리가 같다!

처음으로 하나의 신을 믿은 유대인

다신교가 유행을 하던 시절, 최초로 하나의 신을 믿은 민족이 있었어요. 바로 유대인이에요. 원래 유대인은 중동에서 양을 키우며 살던 유목 민족이었어요.

그런데 약 4천 년 전, 중동 지역에 큰 가뭄이 닥쳤어요. 이 때문에 사람들은 물론 양들에게 먹일 물이 턱없이 부족했지요. 유대인들은 세계에서 가장 긴 강인 나일 강이 흐르는 북아프리카의 이집트로 이동했어요.

> 안 되겠다, 물이 있는 남쪽으로 내려가자.

하지만 이집트인들은 몰려드는 유대인들이 달갑지 않았어요. 이유가 있었어요. 유대인들이 이집트에 도착한 약 3,600년 전, 이집트는 이민족인 힉소스인의 지배를 받고 있었어요. 이민족이라면 이를 갈고 있던 터에 유대인들까지 들어왔으니 이집트인들의 마음이 편할 리가 없었지요. 이민족을 향한 이집트인의 분노는 이집트에 머물러 있는 유대인에게로 향했어요. 약 100년간 힉소스인의 지배를 받았던 이집트인들은 유대인을 약 400년간 노예로 부렸어요. 이집트 왕의 무덤인 피라미드를 짓는 데에도 동원했고요.

3,200년 전, 결국 유대인들은 이집트를 탈출했어요. 이때 유대인을 이끌었던 지도자가 모세예요. 성경은 이 사건을 출애굽이라고 기록하고 있어요. '애굽'은 이집트를 한자식으로 표기한 것으로, '출애굽'은 말 그대로 '이집트 탈출'이란 뜻이에요. 이때, 모세는 야훼라는 신으로부터 계시를 받고 야훼를 유대인의 신으로 섬기기 시작해요. 이것이 유대교의 탄생이에요.

오늘날 유대인들은 자신들은 신의 선택을 받은 민족이라고 매우 자랑스러워해요. 이를 선민의식*이라고 하지요.

선민의식

이스라엘 사람들(유대인)이 느끼는 종교적이고 민족적인 우월감, 곧 하느님이 세계의 모든 백성 가운데에서 이스라엘 백성만을 선택하였다고 믿는 의식이다. 선민사상이라고도 하는 이 의식은, 제국주의 시대에 유럽인들이 아시아와 아프리카를 지배한 것을 정당화하는 '백인 선민사상'을 비롯하여 다른 민족에 대한 차별과 경멸 의식, 타민족 지배의 근거가 되었다.

† 기원전 13세기경, 이스라엘 민족을 이집트 노예 상태에서 해방시킨 모세는, 이스라엘의 종교적 지도자이자 민족의 영웅이다. 시나이 산에서 십계를 비롯한 신의 율법을 받아 이스라엘 민족에게 전했다.

당시 중동에는 야훼를 비롯한 수백이 넘는 신들이 있었어요. 유대인들 역시 그들을 동시에 믿은 다신교 민족이었지요. 십계의 첫 번째 계명을 잠깐 살펴볼까요?

"나 이외의 다른 신을 섬기지 말라!"

이 말은 당시 유대인들이 처음에는 야훼를 유일신으로 믿지 않았다는 걸 증명해요. 유대인들도 다른 민족들처럼 다양한 신을 믿고 있었던 것이죠. 그랬던 유대인이 어떻게 하나의 신만을 믿게 된 걸까요?

오랜 이집트 노예 생활을 통해 유대인들은 단결의 필요성을 느꼈어요. 당시 유대인은 12지파라 불리는 12개 부족으로 나누어져 있었거든요.

또 노예 생활을 할 수는 없잖아? 우리끼리 뭉쳐야 해.

단결의 방법으로 선택한 것이 종교였어요. 하나의 신을 통해 민족의 단결을 이루는 것이지요. 그리고 그들은 자신들만이 신으로부터 선택받은 민족이라고 믿기 시작했어요. 신으로부터 선택을 받았으니 또다시 멸망하는 일은 없을 거라고 위안을 받았고요.

이렇게 탄생한 유대교는 훗날 거대한 두 개의 일신교가 탄생하는 데 결정적인 역할을 해요. 바로 '기독교'와 '이슬람교'예요.

드디어 충돌한 일신교와 다신교

기원전 1세기부터 유럽의 주인은 로마 제국이었어요. 로마인들은 왕성한 정복 활동을 통해 북아프리카의 이집트부터 동쪽의 터키에 이르는 부채꼴 모양의 대제국을 건설했어요. 로마 제국은 점령지에서 세금은 거둬들였지만 식민지의 자치권은 어느 정도 인정했어요. 그들의 종교와 신들도 인정했고요. 직접 다스리기에는 영토가 너무 넓은 데다 로마인들 역시 다양한 신을 믿었기 때문이에요. 단, 여기에는 조건이 있었어요.

"너희가 뭘 믿든 상관 안 한다. 황제의 권위에 도전하지 않는다면!"

로마인들에게는 어떤 신도 황제보다는 높을 수 없었어요. 대부분의 식민지 백성들은 이런 로마의 규칙을 잘 따랐어요. 그러나 중동의 작은 식민지 백성이었던 유대인들은 그렇지 않았어요.

"죄송하지만 황제라고 해도 우리의 신 야훼보다 높을 수는 없습니다."

로마는 화가 잔뜩 났어요. 게다가 유대인들은 로마의 종교 정책만 반대하는 게 아니었어요. 유대인들은 로마가 부과하는 높은 세금에 반발해 독립운동을 시작하고 있었어요.

로마는 야훼보다 황제가 더 높다는 의미로 예루살렘에 황제의 동상을 세우려고 했어요. 이를 치욕스럽게 생각한 유대인들은 식민지 반란을 일으켰지요. 로마는 기다렸다는 듯이 군대를 파견해 유대인을 학살하고 그들의 신전과 성벽까지 파괴해 버렸어요. 이때 서쪽 성벽만은 파괴되지 않았는데, 이것이 오늘날 유대교의 성지이자 세계적인 관광지인 '통곡의 벽'이에요.

최초로 다신교와 일신교가 충돌한 사건이었다는 것 말고도 이 전쟁은 역사적으로 몇 가지 흥미로운 점을 남겼어요. 승리한 로마 군대는 유대교 성전으로 들어가 유대인들이 그들의 신에게 제물로 바친 엄청난 금과 보물을 죄다 긁어서 로마로 가져갔어요. 그러고는 그 보물을 쏟아 부어 로마의 유명한 원형 경기장인 콜로세움을 만들었지요. 훗날 수많은 기독교 신자가 죽음을 당하게 되는 바로 그 장소예요.

또한 로마는 유대인들이 두 번 다시 반란을 일으키지 못하도록 유대인들을 예루살렘에서 추방해 버려요. 이때부터 유대인들은 무려 2천 년간 유럽을 떠돌아다니게 되지요.

최후의 승자는 일신교

유대인을 몰아냈지만, 로마 제국에 또 다른 일신교가 등장했어요. 바로 예수를 유일신으로 믿는 '기독교'였지요. 놀랍게도 기독교인들의 말은 과거 유대인들의 주장과 매우 비슷했어요.

"황제라 하더라도 하느님 앞에서는 죄인일 뿐입니다."

심사가 뒤틀린 로마는 과거 유대인들에게 했던 비슷한 방식으로 응징했어요. 교회를 불태우고 신자들을 붙잡아 콜로세움으로 보내 굶주린 맹수의 이빨과 검투사의 칼날 앞에 던졌지요. 이를 '기독교 박해'라 하는데, 약 300년간 계속된 이 박해로 무려 200만 명의 기독교인이 목숨을 잃었어요.

하지만 4세기가 되자, 상황이 바뀌었어요. 313년, 로마 황제 콘스탄티누스가 기독교를 인정하는 로마 칙령을 발표한 거예요(발표한 장소가 밀라노여서, '밀라노 칙령'이라고도 해요.).

기독교라면 용서하지 않았던 로마가 왜 마음을 바꾼 걸까요? 황제의 인터뷰를 들어 볼까요?

"꿈에 십자가를 보았어요. 아! 이건 신의 계시구나 싶었지요."

오늘날도 그의 꿈 이야기는 기독교인들 사이에서 기적이라고 불려요. 하지만 진짜 속셈은 따로 있었어요. 당시 로마는 이미 전성기를 지나 국력이 점점 기울고 있는 상황이었어요. 말이 황제지, 자신 외에도 라이벌 황제가 셋이나 더 있었고요. **콘스탄티누스는 화려하고 강했던 로마를 부활시키려고 했어요. 그러자면 자신이 유일한 황제가 되어야만 했어요. 그 해결책을 탄압받던 종교인 기독교에서 찾아낸 것이지요.**

> 신은 하나!
> 로마의 황제도 하나!

알다시피 기독교는 유일신 사상이에요. 기독교의 교리를 받아들이면 자연스럽게 자신도 로마의 유일한 황제가 될 수 있을 거라 생각한 거죠. 기독교를 보호한 신성한 황제가 될 테니까요.

이유는 또 있었어요. 당시 로마 제국은 권력(황제)만 분열된 것이 아니라 종교적으로도 매우 혼란한 상태였어요. 로마가 식민지의 종교에 대해서도 관대한 정책을 취했기 때문이죠. 그 결과 로마 제국에는 로마인들이 오랫동안 믿어온 전통 신들과 식민지 이집트에서 수입된 여신 이시스, 당시 로마인들이 가장 많이 믿은 페르시아의 태양신인 미트라, 박해에도 불구하고 로마 인구의 5퍼센트가 믿고 있던 기독교까지, 그야말로 종교 박람회장을 방불케 했어요. **황제는 종교를 통일하여 민심을**

안정시키고 싶었어요. 그래야 황제의 권위가 제대로 설 수 있을 테니까요. 그런 황제에게 기독교는 일석이조였어요.

콘스탄티누스의 계산은 적중했어요. 기독교를 인정한 후 그는 라이벌 황제들을 차례로 물리치고 324년, 단독으로 로마 황제에 오르게 돼

신은 하나! 황제도 하나!

313년, 로마 황제 콘스탄티누스가 로마 칙령을 발표함으로써 유럽은 기독교를 중심으로 한 일신교 시대가 열리게 되었다.

요. 감격한 기독교인들은 황제에게 멋진 이름을 선물로 주었어요. 대제 콘스탄티누스! 위대한 황제란 뜻이에요.

하지만 꿈에서 십자가를 보았다는 황제 자신은 로마 칙령을 발표하고 24년이나 지난 후인 373년, 사망 직전에야 기독교 신자가 되는 세례를 받았어요. 그리고 13년 후인 390년에 가서야 로마는 기독교만을 유일한 종교로 인정하지요. 어쨌든 이로써 유럽에서 일어난 신들의 전쟁에서 기독교가 최후의 승자가 되었어요.

비슷한 일은 300년 후인 동쪽의 아랍 지역에서도 일어나요. 이 지역도 유럽처럼 수많은 신들을 믿는 다신교 사회였어요. 그런데 7세기, 알라를 유일신으로 믿는 세 번째 일신교인 이슬람교가 등장하면서 아랍의 다신교와 피할 수 없는 충돌이 일어나요. 물론 승자는 이슬람교였죠.

이제 서양의 종교 역사는 새롭게 쓰여요. 유럽에는 기독교가, 중동에는 이슬람교가 각각 나누어 지배하는 본격적인 일신교 시대가 열리게 된 것이에요.

독특했던 동양의 종교

동양인들은 오래전부터 신에 대한 복종보다는 자연과 우주의 질서가 무엇인지, 어떻게 살아가야 하는지, 삶과 죽음의 의미가 무엇인지에 대한 현실적이고 철학적인 것에 더 관심을 가졌어요. 그런데 안타깝게도 생활 속에서 믿고 섬기는 삼신할머니나 용왕 같은 신들한테서는 그 대답을 얻을 수 없었지요. 이 신들은 단지 소원을 들어주고, 상을 주고, 벌을 내리는 존재일 뿐이었으니까요. 그 빈자리를 채워 준 것이 동양의 3대 종교인, 도교와 유교, 불교였어요.

도교는 우주와 자연의 질서에 대한 대답을, 유교는 인간이 사회에서 살아가는 갖가지 방법들, 예를 들면 부모에게 효도하는 법, 나라에 충성하는 방법, 왕이 정치를 잘하는 방법, 좋은 친구를 사귀는 법, 사람들이 지켜야 하는 윤리와 도덕 같은 것들을 알려 주었어요. 마지막으로 불교는 인간이 태어나고 죽는 의미와 그 해결책을 윤회와 해탈이라는 해답으로 제시해 주었지요.

영어로 종교는 릴리전(religion)이에요. 풀이하면 신과의 결합을 뜻해요. 하지만 종교(宗敎)는 으뜸 종, 가르칠 교, 즉 으뜸되는 가르침이에 요. 신이 없음에도 불교와 유교를 종교라 부르는 이유이기도 하지요. 또한 **동양인들은 명상과 수양을 열심히 하면 인간을 넘어서는 존재가 될 수 있다고까지 생각했어요.** 인간은 결코 신이 될 수도, 넘볼 수도 없다고 믿는 서양인들에게는 가히 충격적인 이야기지요.

다신교와 일신교가 충돌한 서양과 달리, 일신교가 아주 늦게 전해진 동양에서는 종교 간에 큰 충돌이 일어나지 않았어요. 신과 가르침은 별개라고 생각했으니까요. 또 동양인들은 그때그때 필요할 때마다 이 종교들을 적절하게 사용했어요. 이를 잘 표현한 말이 있어요.

"한국인은 유교인으로 생활하고, 철학적 생각을 할 때에는 불교인이 되고, 문제가 생기면 무당을 찾아간다."

† 예전에 마을 어귀나 고갯마루에는 흔히 마을의 수호신을 모셔놓은 서낭당(성황당)이 있었다. 그 곁에는 보통 신목으로 신성시되는 나무 또는 장승이 세워져 있었는데, 이곳을 지날 때에는 돌, 나무, 오색 천 등을 놓고 소원을 빌기도 하였다.

chapter III

서양의 종교

이슬람교는 기독교와 마찬가지로 인종과 관계없이 전 세계에 퍼져 있는 **세계적인 종교**이다.

세 종교의 성지, 예루살렘

이스라엘의 예루살렘은 지구 상에서 가장 성스러운 도시들 중 하나예요. 공교롭게도 유대교, 기독교, 이슬람교의 공통 성지거든요. 종교의 성지답게 이 도시에는 기독교 교회와 유대교 회당, 이슬람교 사원들이 어색하게 마주 보고 있어요.

어떻게 이런 일이 가능할까요? 그 이유를 지금부터 살펴볼게요.

먼저, 유대교예요. 유대교에서 예루살렘은 다윗이 유대 왕국의 수도로 삼은 역사의 장소이자, 통곡의 벽이라는 유대인의 슬픈 역사를 간직한 곳이에요.

20억 기독교 신자들에게도 이 도시는 성지예요. 2천 년 전 예수가 열두 제자와 함께 최후의 만찬을 한 곳이자 십자가에 못 박혀 숨을 거둔 골고다 언덕이 있는 곳이니까요.

이슬람교는 어떨까요? 이슬람교를 창시한 무함마드(마호메트)가 마지막으로 숨을 거둔 곳인 '바위의 돔'이 바로 이 도시에 있어요. 13억 이슬람교도들에게 예루살렘은 메카, 메디나와 함께 이슬람교 3대 성지 중 하나이지요.

정말 흥미롭죠? 이처럼 예루살렘이 세 종교의 성지가 된 이유는 간단해요. 세 종교의 뿌리가 모두 유대교에서 나왔기 때문이에요. 종교뿐만이 아니에요. 유대인과 아랍 민족은 원래 한 핏줄이었어요. 이들은 모두 아브라함의 후손이에요.

4천 년 전, 중동에 셈족*이라는 유목 민족이 살았어요. 노아의 방주 이야기를 잘 알죠? 하느님이 큰 홍수를 내렸을 때, 동물 한 쌍씩만 탈 수 있었던 큰 배를 만들었던 인물 말이에요. 이 노아의 아들이 셈이에요. 셈족이란 말도 여기에서 나온 것이고요.

당시 셈족을 이끌던 족장의 이름은 아브라함이었어요. 그에게는 아들 둘이 있었는데, 형은 이스마엘이고, 동생은 이삭이었어요. 그러나 형제의 엄마는 각각 달라요.

> **셈족**
>
> 함족, 아리안족과 함께 유럽 3대 인종의 하나이다. 기독교 성경에 나오는 노아의 맏아들인 셈의 자손이라 전해지며 아시리아인, 아라비아인, 바빌로니아인, 페니키아인, 유대인 등이 이에 속한다.

이스마엘의 엄마는 하갈이에요. 하갈은 원래 아브라함의 하녀였어요. 출신도 셈족이 아닌 이집트인이고요. 즉, 이스마엘은 셈족과 이집트인의 피가 섞인 혼혈아였던 거예요. 여기에는 이유가 있었어요. 아브라함은 90세까지 자식이 없었어요. 죽기 전에 자신을 이을 후계자가 필요했지만 아내인 사라는 자식을 낳지 못했어요. 그래서 태어난 아이가 이스마엘이에요.

그런데 문제가 생겼어요. 이스마엘이 태어나고 9년 후, 부인 사라가 임신을 하고 아들을 낳은 거예요. 바로 이삭이었죠. 이제 부족민들은 둘 중에서 누구를 후계자로 할지 고민에 빠졌어요.

"이스마엘이 어떨까? 그래도 장남인데."
"무슨 소리! 이스마엘 엄마는 신분이 천해. 게다가 순수 셈족도 아닌 혼혈이잖아."

혈통을 중시하는 셈족의 전통에 의해 이스마엘은 엄마 하갈과 함께 부족에서 쫓겨나요. 세월이 흘러 이삭의 후손들은 유대인이 되었고, 쫓겨난 이스마엘은 동쪽의 사우디아라비아 땅으로 가서 오늘날 아랍 민족의 조상이 되지요. 즉, 셈족에서 유대인과 아랍 민족이 생겨나게 된 거예요. 그래서 두 민족은 언어까지 비슷해요.

세월이 많이 흘렀어요. 이삭의 후손 중에 모세가 태어나면서 생긴 종교가 유대교예요. 다시 천년 후에는 또 다른 유대인이 나타나 새로운 종교가 만들어져요. 그의 이름은 예수이고, 그 종교가 기독교예요.

한편, 아랍 땅으로 갔던 이스마엘의 후손 중에도 위대한 인물이 태어났어요. 바로 이슬람교를 만든 무함마드였지요. 이렇게 세 종교의 발생 순서는 유대교-기독교-이슬람교인데, 공교롭게도 약 600년의 간격을 두고 만들어졌답니다.

이렇게 기독교와 이슬람교는 모두 그 뿌리가 유대교예요. 그래서 세 경전의 내용도 놀랄 만큼 비슷해요. 유대교의 경전인 토라, 기독교의 구약, 이슬람교의 경전인 코란 모두 아담과 이브, 노아, 모세, 다윗이 등장해요. 특히 코란은 예수까지 나와요. 그래서 이 세 경전을 찬찬히 읽다

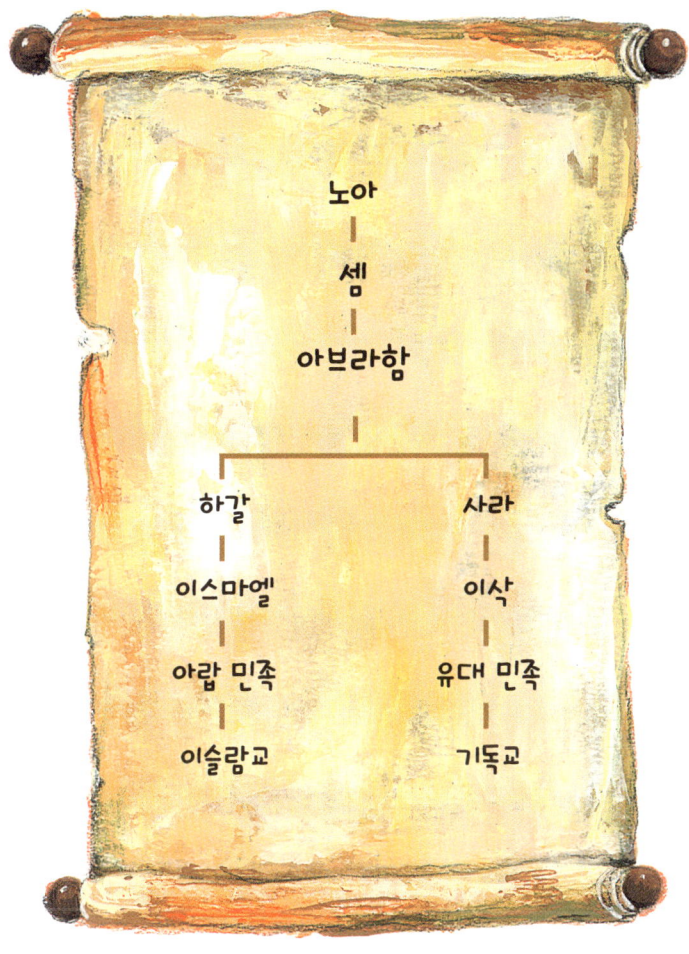

보면 서로 헷갈릴 정도예요. 이슬람 민족 역시 시조 할아버지를 아브라함이라고 생각하니까요. 마치 고구려, 백제, 신라가 모두 단군을 같은 할아버지라고 생각하듯 말이에요.

유대교, 서양 종교의 어머니

오늘날, 지구 상에서 유대교 신자는 약 1,500만 명 정도예요. 뉴욕 시 인구 정도에 불과하며 기독교 신자의 1퍼센트도 되지 않는 숫자죠. 그나마 그들 대부분도 유대인이고요. 당연히 세계의 3대 종교나 4대 종교에도 포함되지 않아요.

하지만 유대교를 빼놓고는 서양 종교를 설명할 수가 없어요. 30억이 넘는 인류가 믿는 기독교, 이슬람교는 유대교에서 탄생했으니까요. 비록 뿌리는 같지만 피워 낸 열매는 저마다 맛도 향도 달라요. 기독교가 사랑의 종교라면 이슬람교는 평화의 종교예요. 그럼 그 뿌리인 유대교는 어떤 종교일까요?

유대교는 한마디로 계약과 율법의 종교예요. 본래 유대교는 아브라함이 야훼와 계약을 맺으면서 시작된 종교였어요. 계약의 내용은 간단해요.

"내가 보호해 줄게, 대신 나만 믿어. 안 그럼 가만 안 두겠어!"

최초로 이 계약서에 사인을 한 자가 아브라함이에요. 물론 야훼도 약속을 지키지요. 유대인들이 살 수 있는 땅을 선물로 주었으니까요. 그것이 가나안 땅, 오늘날의 이스라엘이에요. 덧붙여, 야훼는 계약에서 지켜야 할 세세한 규칙까지 일러 줘요. 그것이 모세의 '십계'예요. 훗날 십계는 경전 토라에 옮겨져 기록되는데, 토라에는 무려 613개의 계율이 있어요. 그래서 유대교를 율법*의 종교라고 일컫지요.

> **율법이란?**
> 헌법이나 법률이 인간이 만든 법이라면, 율법은 신의 이름으로 만들어진 법이다. 따라서 율법은 종교가 국가보다 더 막강한 힘을 과시하던 시대를 배경으로 한다.

이제 유대인들은 야훼가 어떻게 세상을 창조했으며, 어떻게 자신들을 선택했는지 등을 설명하는 일에 매달렸어요. 그래야 후손들에게 계속해서 가르쳐 줄 수 있을 테니까요. 유대인들은 자신들의 역사를 신과 함께 설명하려 했어요.

이때부터 수많은 이야기가 홍수처럼 쏟아져 나와요. 하느님이 세상을 6일 만에 창조한 이야기, 아담과 이브, 노아의 방주, 아브라함, 홍해를 두 쪽으로 갈라지게 만든 모세의 기적 등등. 성경의 맨 앞부분인 창세기와 출애굽기에 나오는 내용들이죠. 교회나 성당에 다니는 친구들이라면 한 번쯤 들어 본 이야기일 거예요.

그런데 창세기 이야기들 중 상당수는 수메르 신화의 내용을 편집한 것으로 추측돼요. 중동의 지도를 살펴보면, 티그리스 강과 유프라테스 강이 만나는 지역을 찾을 수 있어요. 지금의 이라크 남쪽 지역이지요. 여기서 발생한 것이 세계에서 가장 오래된 문명인 수메르 문명, 즉 메소포

타미아 문명이에요.

강의 하류인 탓에 이곳에는 진흙이 무척 흔했어요. 수메르인들은 이 진흙으로 건물도 짓고, 글자도 적었어요. 그 글자를 설형 문자, 설형 문자가 기록된 진흙 덩어리를 점토판이라고 해요.

수메르인들은 자신들의 신화를 이 점토판에 남겼는데, 이를 해독한 학자들은 깜짝 놀랐어요. 창세기와 유사한 점이 상당수 발견되었거든요. 진흙으로 인간을 만든 이야기며 에덴동산과 아담과 이브, 노아의 홍수 등등. 점토판의 기록은 창세기보다 최소 수백 년은 앞서 있어요. 원래, 유대인이 살던 지역도 이 강가였어요. 성경을 읽어 보면 유대인의 조상인 아브라함의 고향이 '우르'라고 나와요. 바로 수메르 문명 지역이지요.

아무튼 유대인들은 이 기록들을 모아서 '토라'라는 이름을 붙였어요. 즉, **토라는 유대교의 경전이자, 유대인의 역사책이에요. 천년 후 토라는 기독교와 이슬람교에 그대로 전해져 다른 이름으로 바뀌게 돼요. 성경의 구약과 이슬람교의 코란으로요. 유대교를 서양 종교의 어머니라고 말하는 이유예요.**

토라, 드디어 책으로 만들어지다.

토라를 다른 말로 '모세 오경'*이라고 해요. 토라의 지은이가 모세인데, 모두 다섯 권(오경)으로 이루어졌거든요. 토라가 완성되면서 유대교는 본격적인 종교의 틀을 갖추게 되지요. 이제부터 유대인의 뒤를 따라가 볼게요.

이집트를 탈출한 유대인들은 꿈에도 그리던 고향 땅 가나안으로 돌아왔어요. 그곳에서 유대 왕국도 세우고 야훼를 모시는 신전도 큼지막하게 지었지요. 물론 새로운 왕도 뽑았고요. 그런데 유대 왕국에는 새로운 왕을 뽑을 때 치르는 독특한 의식이 있었어요.

> **모세 오경**
> 구약의 처음 다섯 권인 「창세기」, 「출애굽기」, 「레위기」, 「민수기」, 「신명기」를 이른다.

> 유대인의 왕이시여, 기름을 받으소서!

그들은 새로운 왕의 머리에 올리브기름을 줄줄 부었어요. 마치 왕관을 씌우듯 말이죠. 이를 유대인의 언어로는 '메시아' 그리스어로는 '크

리스트(그리스도)'라고 불러요. 여기서
훗날 크리스트교(기독교)라는 말이 탄생하게 되죠.
메시아란, '유대인의 왕'이란 뜻이에요.

　유대 왕국의 백성들은 한동안은 행복하게 잘 지냈어요. 다윗과 솔로몬처럼 현명한 왕들이 나타나 정치를 잘했거든요. 그러나 평화로운 시간은 얼마 못 갔어요. 유대 왕국이 남과 북으로 갈라졌기 때문이죠. 분열된 유대 왕국은 이웃 민족인 아시리아와 바빌로니아의 침략을 받아 각각 멸망하고 말아요. 이집트의 노예 생활에서 벗어난 지 약 700년, 유대 왕국을 건설한지 400년 만에 유대인들은 다시 떠도는 신세가 되고 만 거예요.

　이때 10만 명이나 되는 유대인들이 포로가 되어 침략국 바빌로니아의 수도인 바빌론으로 끌려가게 되는데, 이는 당시 유대 왕국 인구의 절반이나 되는 수예요. 이것이 바빌론 유수*예요. 바빌론에서의 억류 생활이란 뜻이죠.

> **바빌론 유수**
>
> 기원전 6세기에 두 차례에 걸쳐 바빌로니아에 의해 유대인들이 바빌론으로 끌려간 사건이다. 이후 유대인은 오랜 세월 방랑 생활을 하게 된다.

그런데 이 기간에 유대교 역사에서 매우 중요한 두 가지 사건이 일어나요. 바로 토라를 완성한 것과 조로아스터교를 접하게 된 것이지요.

토라는 3천 년 전 모세에 의해 완성되었지만 대부분은 기록되지 않은 채 사람들의 입을 통해 전해졌어요. 마치 할아버지, 할머니가 손자들에게 옛날이야기를 들려주듯 말이에요. 바빌론에 머무는 동안 유대인 학자들은 열심히 토라를 종이에 옮겨 적기 시작했어요. 토라가 책으로 만들어진 거죠. 이 과정에서 유대인 학자들은 난생 처음 보는 종교와 만나게 되는데, 그것이 조로아스터교*였어요.

> **조로아스터교**
>
> 아후라 마즈다를 믿는 고대 페르시아의 종교로, 기원전 6세기 무렵 페르시아의 예언자 조로아스터가 창시했다. 근검하고 노력하면 악한 신(앙그라 마이뉴)을 물리치고 선한 신(아후라 마즈다)이 승리한다는 믿음을 가지고 있다. 해, 불, 별 등을 숭배하여 '배화교'라고도 한다.

유대교와 조로아스터교와의 만남

당시 바빌론의 제1 종교는 조로아스터교였어요. 유대교 학자들은 이 낯선 종교에 관심을 보였어요. 조로아스터교 역시 유대교처럼 하나의 신을 믿는 일신교였거든요.

"와, 이 종교는 선과 악이 있구나!"
"종말도 있고, 사탄이라는 것도 나와."

같은 일신교였지만 내용은 매우 달랐어요. **조로아스터교는 세상이 선과 악으로 나누어져 있다고 본 최초의 종교예요.** 여기에는 두 신이 등장해요. 선한 신 아후라 마즈다와 악한 신 앙그라 마이뉴(사탄)예요. 그런데 인간은 두 신들 중 반드시 하나를 선택해야 해요. 아후라 마즈다를 선택한 사람은 천국으로, 앙그라 마이뉴를 선택한 사람은 지옥으로 가게 되고요. 결국, 선한 신이 악한 신을 물리친다는 내용이에요.

또 창시자 조로아스터는 자신이 죽은 후 세상에는 종말이 오고, 그

때서야 구세주가 나타나 악을 물리칠 거라고까지 예언했어요. 그런데 그 구세주의 엄마는 결혼하지 않은 처녀일 거라는 것까지도요. 어디서 많이 보던 내용이죠?

유대인들이 조로아스터교에 관심을 보인 이유는 또 있었어요. 당시 바빌론에 잡혀온 유대인들은 정신적으로 매우 혼란한 상태였어요. 자신들은 신이 선택하고 보호하는 민족인데 나라도 잃고 포로까지 되었잖아요. 하지만 유대교 교리에서는 그 대답을 찾을 수가 없었어요. 그 해답을 조로아스터 교리에서 찾으려 했던 것이죠.

그러니까 우리 인간은 선한 신 아후라 마즈다를 열심히 따라야 해요. 그래야 구세주가 나타나 악을 물리치지요.

"우리가 이렇게 고생하는 건 나쁜 신이 있어서 그래."
"나쁜 신도 힘이 무척 세구나."

놀라운 사실은, 바빌론에 끌려오기 전 유대교에는 천국과 지옥, 사탄, 심판, 종말 같은 내용은 없었다는 거예요. 그러나 이후 만들어진 유대교에는 이런 내용들이 추가되기 시작해요. 예전에는 수메르 신화의 내용을 토라에 넣었던 유대인들이 이번에는 조로아스터교의 내용까지 추가하게 된 거죠. 하지만 이것은 그리 놀라운 일은 아니에요. 하나의 종교가 다른 종교의 교리들 중에서 입맛에 맞는 것을 빌려오는 것은 종교의 역사에서 흔한 일이거든요. 그후 이 교리는 기독교와 이슬람교에도 고스란히 전해지게 되지요.

기원전 538년, 드디어 유대인들은 고향으로 돌아와요. 그러나 그 기쁨도 오래가지 못했어요. 주변의 강대국들이 가만 놔두지 않았으니까요. 대제국을 건설한 알렉산더 대왕의 마케도니아와 로마 제국의 지배까지 차례로 받게 돼요. 그러나 참을성 강한 유대인들은 희망을 잃지 않았어요. 수호신 야훼가 반드시 자신들을 구원해 줄 거라고 철석같이 믿었지요.

"조금만 참자, 메시아가 곧 오실거야."
"근데 대체 그분은 언제 오시는 거야?"

유대인들은 자신들을 구원해 줄 메시아를 초조히 기다렸어요. 간혹 선지자들이 나타나서 그날이 멀지 않았음을 말하기도 했죠. 선지자는 다른 말로 예언자라고 불러요.

그런데 여기서 주의할 것이 있어요. 성경에도 자주 등장하는 예언자(선지자)란, 미래를 예측하는 사람이 아니에요. 신의 말씀을 대신해 전해 주는 사람이라는 뜻이지요.

그러던 어느 날이었어요.

"메시아가 나타났다는 소문 들었어?"
"정말? 누군데?"

메시아의 출현 소식에 유대인들은 잔뜩 흥분했어요. 그 소문은 예루살렘 북쪽의 갈릴리 호수로부터 흘러나온 것이었어요. 유대인들은 직접 눈으로 확인하기 위해 갈릴리 호수로 달려갔어요.

하지만 그곳에는 메시아라 하기에는 너무도 남루한 차림의 젊은 남자가 있었어요. 그는 아픈 사람은 병을 고쳐 주고, 소외되고, 희망을 잃고, 가난한 사람들에게는 희망을 들려주고 있었지요. 유대인 빈민촌 나사렛 출신인 이 남자의 이름은 예수였어요.

예수, 그자가 무슨 메시아야?

예수는 대단히 흥미로운 인물이에요. 그는 종교를 만든 성인들 중 가장 젊은 나이에 숨을 거두었어요. 불교를 만든 부처가 80세, 이슬람교를 창시한 무함마드가 62세, 유교를 세운 공자가 78세, 다들 장수한 반면 예수의 생애는 겨우 33년이었어요.

더욱 놀라운 사실은 실제로 예수가 활동한 시기는 30세부터 3년간에 불과하다는 거예요. 하지만 이 3년간의 활동은 훗날 예수를 인류 역사상 가장 위대한 인물들 중 하나로 만들었어요.

그럼 예수는 30살이 되기 전까지 무슨 일을 했을까요? 놀랍게도 12살부터 30살이 되기까지의 기록은 신약에도 없어요. 18년간, 예수는 어디서 무엇을 하며 보냈을까요? 많은 사람들은 이렇게 추측하고 있어요.

이참에 아예 없애 버립시다!

"목수 일을 하면서 집안일을 돌봤을 거야. 아버지 요셉이 목수잖아."

당시 유대인들은 아버지 직업을 물려받는 것이 일반적이었어요.
아무튼 예수가 다시 신약에 나타난 것은 30세 때 갈릴리 호수 부근에서 세례를 받는 대목부터예요. 이후 예수는 호숫가 주변 마을에 눌러 살면서 여러 가지 일들을 시작해요. 예수가 메시아일지도 모른다는 소문이 난 것도 이때부터였어요.
하지만 모든 유대인들이 예수를 믿거나 열광한 것은 아니었어요. 오히려 못마땅하게 생각한 유대인들이 훨씬 많았지요. 그들은 크게 두 그룹이었어요. 하나는 유대인 독립 운동가들이었어요. 당시 유대인은 로마의 지배를 받는 식민지 상태였어요. 그들은 힘을 길러 로마를 무찔러야 한다고 생각했어요.

그러나 예수의 말과 행동은 그들과 맞지 않았어요. 예수가 살인과 전쟁에 반대하는 비폭력주의자이자 평화주의자였으니까요.

다른 한 가지는 유대교 제사장들이었어요. **그들은 토라의 율법을 해석하는 것을 매우 중요하게 여겼어요. 하지만 예수의 생각은 달랐지요. 예수는 행동주의자였어요. 백번 경전을 읽는 것이 한 번 실천하는 것보다 못하다고 믿고 그렇게 행동했어요.** 심지어 안식일에 대한 생각도 유대교 제사장들과 달랐어요. 안식일이 뭐냐고요? 구약에서 6일 만에 세상을 창조한 하느님이 일곱 번째 날에 쉬었다는 날로, 유대인들은 이날은 일을 하지 않아요. 하지만 예수의 생각은 달랐어요.

"안식일은 사람을 위해 생긴 것이지, 사람이 안식일을 위해 생긴 것이 아니다."

예수가 그들을 자극한 것은 또 있었어요. 당시 유대교 교회는 가난한 사람과 병자들은 들어가기가 무척 힘든 곳이었어요. 기도를 드리려면 입구에서 돈을 내야 했고, 그나마 병자들은 불길하다는 이유로 문전 박대를 당하기 일쑤였지요. 하지만 **예수는 보란 듯이 그런 사람들만을 찾아다니며 의술을 베풀고 희망의 말을 전해 주었어요**. 이러니 예수의 말 한마디, 행동 하나 하나는 유대교의 전통과 권위에 대한 도전처럼 보였지요. 그래서 그들은 무서운 계획을 꾸미기 시작해요. 바로 청개구리처럼 말 안 듣는 이 반항아를 제거할 계획이었어요.

바라바가 좋겠네요!

서기 30년, 유대교 제사장들은 예수를 로마 총독에 고발해요. 죄목은 로마 제국에 대한 반역 행위라는 거였어요. 무슨 반역 행위를 했다는 걸까요? 그것은 바로 그리스도라는 예수의 이름 때문이었어요. 그리스도란 메시아를 뜻하는 그리스어예요. 메시아는 유대인의 왕이란 뜻이고요. 즉 예수의 이름인 예수 그리스도를 풀이하면 '유대인의 왕 예수'란 뜻이 되지요. 로마의 지배를 받던 시대에 유대인의 왕이라고 불리는 것은 로마의 지배를 거부하는 반역 행위나 다름없었어요. 일제 강점기에 대한 독립 만세를 외치는 것과 같은 행동이지요.

세계 역사를 통틀어 반역 행위는 사형에 처해질 만큼 중대한 1급 범죄예요. 게다가 로마는 계속되는 유대인의 독립운동으로 상당히 신경이 날카로운 상태였어요. 하지만 신고를 받고 예수를 체포한 로마 총독 빌라도는 시큰둥했어요.

사실 총독의 눈에 예수는 반역자도, 위험한 인물도 아니었어요. 빈민촌 출신의 목수에다 특별히 독립운동을 하는 것도 아니고, 그를 따르는 사람들도 대부분 병든 자들과 여자, 가난한 사람들이었거든요. 총독의 눈에 예수는 반역을 꿈꾸는 자라기보다는 그저 유대교 안에서 갈등을 일으키는 종교인 정도로 보였어요.

    그래서 총독은 예수에게 살 기회를 주고 싶었어요. 당시 예수가 체포된 날짜는 유대인의 큰 명절인 유월절 기간이었어요. 유월절은 옛날 모세가 유대인을 이끌고 이집트를 탈출했던 것을 기념하는 날로, 우리의 광복절과 비슷해요. 우리나라도 광복절이 되면 종종 죄수들을 사면하잖아요? 당시에도 비슷한 관습이 있었어요.

로마 총독은 예수와 또 다른 반역 죄인인 유대인 하나를 거리로 끌고 가 유대인들 앞에 세웠어요. 그 죄인은 유대인 독립운동을 하다 체포된 바라바라는 인물이었어요. 두 죄인을 군중들 앞에 세운 후 로마 총독은 유대인들에게 물었어요. 선택을 유대인들에게 맡긴 것이죠.

유대인들은 바라바를 선택했어요.

왜 유대인들은 예수가 아니라 바라바를 택했을까요? 이런 추측을 하는 학자들도 있어요. 당시 유대인들이 기다리던 메시아는 사실 로마의 지배로부터 벗어나게 해 줄 강력한 리더였다는 거죠. 평화주의자 예수 같은 인물이 아니라 바라바 같은 군인 말이에요.

그것으로 더 이상의 기회는 주어지지 않았어요. 바라바가 풀려나고 예수는 십자가에 못 박히고 결국 숨을 거두게 되지요.

하지만 이날 유대인의 선택은 훗날 그들의 자손들에게 무서운 부메랑으로 돌아오게 돼요. 기독교가 인정을 받은 후, 유대인들은 유럽인들로부터 무시무시한 차별과 손가락질을 받게 되니까요. 무려 2천 년간이나 말이에요.

"유대인이다! 흥, 저 놈들이 예수를 돌아가시게 했지!"

기독교와 유대교의 차이점

세계 최고의 베스트셀러이자 약 80만 개의 단어, 230개 언어로 번역, 해마다 1억 권이 새롭게 출판되는 책이 뭔지 아세요? 바로 성경이에요. 그러나 성경을 바라보는 유대인의 심경은 매우 언짢아요. 특히 유대인들은 성경의 구약과 신약이라는 단어를 몹시 싫어해요.

유대인들은 4천 년 전 아브라함과 야훼 사이에 맺은 계약이 여전히 진행 중이라 생각해요. 단지 그 메시아가 아직 나타나지 않았을 따름이지요. 그래서 유대교에서 예수는 신(메시아)도 아니고, 심지어 선지자도 되지 못해요. 그들에게 예수는 자신들의 신을 모독한 유대교의 반역자나 이단자일 뿐이에요. 유대인의 이런 시각은 기독교가 하나의 종교로 독립하게 된 결정적인 이유가 되지요.

흥미로운 점은 또 있어요. 기독교가 유대교로부터 분리되자 신의 모습도 달라졌어요. 사실 구약에 등장하는 야훼는 세상을 창조했지만 너그럽거나 인자한 신은 아니에요. 구약에서 야훼 스스로 인정했을 정도니까요.

> 나 야훼, 너희의 하느님은 질투하는 신이다. – 출애굽기

질투의 신답게 야훼는 유대인들이 다른 신을 믿거나 제물을 바치지 않을 때, 또 다른 민족이 유대인을 괴롭힐 때, 절대로 용서하지 않았어요. 유대인들이 이집트를 탈출할 때에도 야훼는 그들을 돕기 위해 수많은 이집트인들을 학살했어요.

또한 유대인들이 고향인 가나안에 도착했을 때 그 땅에 이미 살고 있던 다른 민족들도 주저 없이 다 죽이라고 명령했고요. 이런 난폭한 야훼의 모습은 구약 전반에 걸쳐 자주 등장해요.

그런데 신약부터 야훼의 성격은 달라져요. 은혜의 신으로, 사랑의 신, 용서의 신으로 말이에요. 구약을 읽고 신약을 넘어가면 과연 같은 신인지 의심스러울 정도예요.

† 구약과 신약에 등장하는 신은 그 성격이 매우 다르다. 그 차이는 유대교의 교리가 시대에 따라 변화, 발전되어 성경에 반영되었음을 뜻한다.

그 부분에 대해서 기독교인들은 이렇게 설명해요.

"예수께서 오셔서, 구약의 무서운 율법을 없애서 그래요."

또 다른 이유가 있어요. 원래 야훼는 유대인만의 신이고, 유대교는 유대인 민족만의 종교였어요. 그러나 기독교인들은 더 많은 사람들이 자신들의 종교를 믿기를 바랐어요. 그러기 위해서는 신의 성격도 달라져야 했지요. 벌컥 화를 잘 내는 난폭한 유대인만의 신에서 모든 죄를 용서하고, 모든 민족을 사랑하는 전 인류의 신으로 말이에요. 기독교를 뜻하는 '카톨릭'이란 말도, '보편적인', '널리 알려진'이란 뜻이에요. 그러나 유대인들은 이 사실도 못마땅하게 생각해요. 자신들의 신을 멋대로 가져가 함부로 해석했다고요.

예수는 신일까? 인간일까?

313년, 기독교는 드디어 자유를 찾았어요. 기쁨도 잠시, 기독교는 할 일이 많았어요. 우선 그 뿌리인 유대교와의 호적 관계부터 정리해야 했어요.

그런데 한 가지가 걸렸어요. 바로 토라였어요.

냉정히 말하면, 기독교는 유대교의 한 분파였어요. 하지만 둘의 사이는 매우 좋지 않았어요. 유대교는 예수를 메시아로 인정하지 않았을 뿐만 아니라 예수를 죽게 만들었으니까요. 그러나 유대교의 경전 토라는 예외였어요. 왜 그럴까요?

예수도 유대인이에요. 또 자신을 하느님, 즉 야훼의 아들이라고 말했어요. 그런데 유대인과 야훼를 설명하는 유일한 책은 토라뿐이에요. 아무리 유대교가 미워도 새로운 경전에 토라를 넣지 않을 수 없었던 거죠. **여기서 기독교인들의 고민이 시작돼요. 유대교와 같아서는 안 되지만, 완전히 달라서도 곤란하다는 것이죠. 그래서 토라를 경전에 넣되 이름을 구약이라고 다르게 불렀어요.** 예수가 이미 메시아로 나타났으니까 신(예수)과 재계약을 했다고 본 것이죠. 그래서 각각 옛날 계약(구약)과

새로운 계약(신약)으로 구분해서 불렀어요. 이 두 권을 합한 책이 성경이고요.

다음은 예수를 어떻게 볼 것인가 하는 문제였어요. 신약에는 예수를 하느님의 아들로 기록했어요. 글자 그대로 해석하면 야훼와 예수는 부자지간이 되지요. 여기서 흥미로운 해석이 등장해요. **'둘은 다르지 않다! 왜냐하면 아버지 신(야훼)과 아들 신(예수), 그리고 성령은 모두 하나의 신으로부터 온 것이기 때문이다!' 이것이 기독교에서 말하는 '삼위일체'예요.** 그러나 이 해석에 고개를 갸우뚱거리는 기독교인들도 많아요. 또 그들의 주장 역시 조금씩 다르고요.

"신은 맞지만, 인간의 몸으로 태어났으니 신이면서 인간이야."
"무슨 소리! 예수는 신이 보낸 사자야. 인간이라고!"

예수는 신이냐, 아니면 반은 신이고 반은 인간이냐, 그냥 인간이냐? 이 문제를 두고 기독교인들은 갈라져서 으르렁댔어요. 보다 못한 로마 황제 콘스탄티누스는 325년에 그들을 니케아(터키)로 모두 불러 들여 공의회를 개최했어요(니케아 공의회). 그러고는 삼위일체에 손을 들어주었죠. 삼위일체에 반대하는 기독교인들이 더 많았는데도요.

'신은 하나, 황제도 하나!'를 줄곧 외치던 콘스탄티누스로서는 당연한 결정이었어요. 이로써 삼위일체는 지금까지 기독교의 중요한 정통 교리가 되었어요.

십자군 전쟁

흔히 십자군 전쟁이란 11세기부터 13세기까지, 200여 년간 총 8차례에 걸쳐 유럽의 기독교 군대와 이슬람 군대 사이에 벌어졌던 전쟁을 말해요.

"교황님, 도와주세요!"

11세기 후반, 교황청은 동로마 제국(비잔틴 제국)으로부터 긴급 구조 요청을 받아요. 당시 동로마는 이슬람 제국인 셀주크 튀르크의 위협을 받고 있었어요. 구조 신호를 받은 교황 우르바노 2세는 1095년 11월, 클레르몽 회의를 개최하지요.

교황은 이 전쟁을 통해, 유럽의 단합과 자신의 영향력을 인정받고 싶었어요. 당시 유럽은 분열 상태

즉각 군대를 보내 동로마를 구합시다. 이 기회에 이슬람이 점령하고 있는 기독교의 성지인 예루살렘을 되찾읍시다!

였는데, 만일 전쟁에서 승리한다면 지도자로서 지위를 굳힐 수 있는 좋은 기회였지요. **덧붙여 교황은 전쟁에 참가하는 자는 모두 천국에 가게**

될 것이고, 승리하면 이슬람의 땅과 재산도 나눠 주겠다고 약속했어요.

유럽인들은 환호하며 찬성했어요. 예루살렘을 이슬람에 빼앗긴 후 자존심이 몹시 상해 있었거든요. 즉시 유럽 전역에서 대규모 군대가 조직되었어요. 군인과 기사는 물론, 농부와 심지어 여자들까지 이 원정에 참여했지요. 그 숫자는 무려 6만 명이었어요. 이것이 1차 십자군 원정대예요.

유럽을 출발한 십자군은 걸어서 동로마로 갔어요. 그곳에서 식량을 보급받아야 했거든요. 동로마 수도인 콘스탄티노플에 군대가 도착하자 동로마 황제는 기겁을 했어요.

"우왓, 저게 뭐야?"

동로마 황제가 기대한 군대는 정규 기사단 300명 정도였어요.

아무튼 동로마로부터 보급을 약속받고 기세가 오른 십자군은 예루살렘으로 거침없이 진격해 들어갔어요. 그 과정에서 자신들의 군대 숫자보다 더 많은 이슬람인들과 유대인을 학살하고 심지어 시체를 삶아 먹는 만행을 저지르기도 했어요. 그리고 3년 후, 드디어 목표인 예루살렘을 점령했어요.

예루살렘을 회복했다! 이 소식은 즉시 유럽으로 전해졌고, 사람들은 크게 흥분했어요. 무수한 농민들이 예루살렘으로 이주한 것도 이때부터였어요. 그러나 유럽인들의 기쁨은 거기까지였어요.

이슬람이 무력하게 예루살렘을 뺏긴 이유는 당시 이슬람 세계가 분

열되어 강력한 지도자가 없었기 때문이었어요. 그러나 한 방 먹은 후 이슬람은 재빠르게 전열을 가다듬고 반격을 시작했어요. 이때, 등장한 인물이 이슬람 세계의 영웅으로 불리는 살라딘 장군이에요. 당황한 유럽은 2차 십자군을 파견했어요. 그러나 살라딘은 십자군을 격파하고 빼앗겼던 예루살렘을 탈환해요. 이제 1승 1패가 되었어요.

어렵게 찾은 예루살렘을 허망하게 잃자 유럽은 크게 화가 났어요. 그래서 3차 십자군 원정대를 조직하면서 굵직한 인물들을 모두 모았지요.

독일 황제 프리드리히, 프랑스 국왕 필리프 2세, 유럽 최고의 명장이라 불리는 영국왕 리차드 1세까지, 당시 내노라 하는 인물들이 다 모였어요. 그야말로 최정예 군대였죠. 그러나 프리드리히 대왕은 어이 없이 강물에 빠져 익사하고, 리차드와 사이가 좋지 않던 필리프 2세는 프랑스로 돌아가 버리는 등 원정대는 처음부터 삐걱거렸어요.

†11세기 말부터 200여 년간, 유럽인들은 이슬람으로부터 성지(예루살렘)를 되찾자는 슬로건 하에 십자군으로 파병되었다. 그러나 애초의 취지와 달리 십자군은 광신적이고도 잔인한 살육과 약탈, 이교도에 대한 적대적인 태도로 결국 실패로 돌아갔다.

별명이 사자왕인 리차드 1세는 이슬람의 명장 살라딘과 잘 싸웠지만, 끝내 예루살렘을 빼앗지 못하고 돌아가야만 했어요. 이렇게 3차 원정도 실패였어요.

실질적인 십자군 전쟁은 3차 원정이 마지막이에요. 4차 원정대가 파견되긴 했지만 그 목표는 예루살렘이 아니라 이집트였어요. 그런데 이집트로 가려면 항구가 있는 베네치아로 가야 했고, 그곳 상인들의 도움이 필요했어요. 상인들이 배로 무기와 식량 같은 보급품을 실어다 줘야 했으니까요. 상인들은 그 대가로 큰돈을 요구했어요. 가난한 십자군은 그만한 돈이 없었어요.

"그럼, 이집트 말고 콘스탄티노플을 공격해 줘."
"엉? 거긴 우리의 동맹국 동로마 수도인데?"
"뭔 상관이야? 동로마는 돈이 많다구, 너네들 돈 필요하지 않아?"

1204년 십자군은 콘스탄티노플을 점령해 재물을 약탈하는 사건을 일으켰어요. 계속되는 전쟁으로 십자군이 얼마나 타락했는지를 잘 보여주는 사건이었지요.

8년 후인 1212년에는 더욱 엽기적인 일이 발생했어요. 한 프랑스 양치기 소년이 꿈에 하느님의 계시를 보았다고 말하자, 수천 명의 소년 소녀들이 우르르 몰려 참전하겠다고 지중해로 달려갔어요. 그러나 바닷가에서 그들을 기다린 것은 노예 상인들이었어요. 그 뒤에도 십자군 원정이란 이름을 내건 소소한 전쟁은 15세기까지 계속되었어요. 하지만 십자군의 의미는 이미 잃어버린지 오래였지요.

십자군 전쟁의 실패는 유럽에 엄청난 변화를 가져다 주었어요. 기세등등했던 교황의 힘이 몰락하고, 교황의 힘을 믿고 설치던 영주, 기사 계급이 도미노처럼 무너졌어요. 대신 새롭게 왕의 힘이 강해졌죠. 또 그동안 미개하다고 깔보던 아랍 문명을 유럽은 적극적으로 받아들였어요.* 그 결과 수학, 화학, 의학 등 우수한 아랍의 문화가 유럽으로 흘러 들어가게 되지요. 특히 이슬람 세계와 가장 적극적으로 교류하던 이탈리아 항구 도시를 중심으로 '르네상스'*라는 새로운 문화 운동이 시작돼요. 이렇게 해서 유럽은 기나긴 중세를 졸업하고 근대로 넘어가게 된답니다.

이슬람 제국과 유럽의 근대 과학의 시작

당시 이슬람 제국은 수학과 과학은 물론 모든 면에서 유럽을 압도할 만큼 최첨단 문화를 자랑하고 있었다. 십자군을 통해 유입되기 시작한 이슬람 문화는 유럽의 근대 과학의 발전과 근대화에 커다란 영향을 끼쳤다.

르네상스

14세기에서 16세기에 이탈리아를 중심으로 하여 유럽 여러 나라에서 문학, 미술, 사상, 건축 등 다방면에 걸쳐 일어난 문화 혁신 운동이다. 학문 또는 예술의 재생, 부활이라는 뜻으로, 신을 중심으로 사고하던 중세와 대립된 의미로 쓰인다.

종교 개혁

 "엇? 이게 뭐지? 뭐라고 쓴 거야?"

1571년 10월 31일, 비텐베르크 성 교회 앞은 몰려든 독일인들로 웅성거렸어요. 교회 정문에는 누군가 붙여 놓은 종이 한 장이 있었어요. 교회의 면죄부 판매를 반대한다는 내용이었지요. 95개조의 반박문으로 되어 있는 이 글을 쓴 사람은 수도사이면서 대학 교수였던 마르틴 루터였어요. 루터는 왜 이것을 교회 정문에 붙여 놓았을까요?

당시 교황은 성 베드로 대성당을 새롭게 지으려고 했어요. 큰 성당이니 당연히 엄청난 돈이 필요했죠. 교황은 이 돈을 국가가 책임지고 거두게 했어요. 요즘으로 치면 대국민 성금 모금을 벌인 거죠. 루터가 살던 독일도 이 모금 운동에 동참해야 했어요.

면죄부 사세요.
동전 소리가 클수록
천국이 가까워집니다!

그런데 독일은 당시만 해도 유럽에서 매우 가난한 나라였어요. 그래도 교황의 명을 거역할 수가 없어서 '면죄부'*라는 것을 팔았지요.

면죄부 판매는 교회가 돈이 필요할 때마다

써먹던 수법이었어요. 그런데 이번에는 상황이 달랐어요. 당시 독일은 왕은 있지만 힘은 아주 약해서 귀족들이 나라를 나누어 다스리고 있었어요. 심지어 귀족들이 모여서 왕을 뽑을 정도였지요. 그런데 귀족들 중 일부는 면죄부도 싫었지만 로마 교황도 못마땅하게 여겼어요.

> **면죄부**
>
> 중세에 로마 카톨릭 교회가 금전이나 재물을 바친 사람에게 그 죄를 면하게 해 준다는 뜻으로 발행하던 증서이다. 면죄부는 초기에는 교회가 정한 일정한 회개의 과정이자 수단이기도 했으나, 중세 말에 이르러 면죄부 판매가 성행하면서 순수한 종교적 성격을 잃고 폐단이 심해졌다. 15세기 말기에 성 베드로 대성당을 다시 건축하는 자금을 조달하기 위해 대량으로 발행하여 루터의 비판을 불러일으키고 종교 개혁의 발단이 되었다.

"쳇, 맨날 만만한 게 우리 독일이야."
"로마 시내에 성당을 짓는데 왜 우리 독일이 돈을 내야 해?"

당시 독일의 별명은 '교황청의 젖소'였어요. 교황이 원하는 만큼 우유를 대 준다는 뜻으로, 그만큼 독일이 로마 교황청에 협조적인 나라였던 것이지요. 하지만 프랑스와 영국 같은 나라들은 달랐어요. 자기 나라에 이익이 되지 않으면 교황의 말을 무시하기 일쑤였거든요. 독일의 귀족들은 그 점이 부럽고 또 불만이었어요. 마르틴 루터 역시 로마 교황청의 간섭을 받지 않는 새로운 교회를 원했어요.

반박문의 내용은 즉시 독일 시민들에게 알려졌어요. 이 소식을 들은 교황은 당연히 매우 불쾌했지요.

"일단 사람을 보내서 설득시켜 봐."

뜻밖에도 일개 수도사 따위가 교황의 일에 반항하는 일을 했는데도 죽이기는커녕 달래 보라는 지시가 내려졌어요. 이전에는 상상할 수도 없는 일이었죠. 실제로 100년 전에는 후스라는 독일 사람이 교황청의 면죄부 판매를 반대했다가 화형을 당한 일도 있었어요. 그런데 지금 교황은 루터를 달래라고 하고 있으니 놀랄만한 일이죠. 물론 여기에는 이유가 있었어요. 루터야 별거 아니지만 그의 뒤에는 막강한 독일 귀족들이 버티고 있었으니까요.

루터의 반박문은 그동안 눌려 있던 로마 교황청에 대한 사람들의 불만이 밖으로 터져 나오는 계기가 되었다.

"반박문을 취소해. 그럼 없던 걸로 해 줄게."
"싫어요."
"자꾸 그럼 파문해 버린다!"
"맘대로 해요."

루터는 뜻을 굽히지 않았어요. 교황은 루터를 차마 죽이지는 못하고 독일에서 추방하는 것으로 마무리를 지었어요. 이때 그런 루터를 독일에서 가장 힘 있는 귀족이 슬며시 숨겨 주었어요. 독일 귀족들은 루터를 응원하고 있었던 거예요.

이때부터 루터는 성에 숨어서 성경을 독일어로 번역하기 시작해요. 독일인들이 마음껏 읽을 수 있게 하기 위해서였죠. 이것은 매우 놀라운 일이었어요. 당시 성경은 일반인들이 쉽게 읽을 수 있는 책이 아니었어요. 히브리어, 라틴어, 그리스어 외의 다른 언어로 번역하는 것은 금지되어 있었거든요. 실제로 14세기, 영국인 존 클리프는 영어로 성경을 번역했지만 그 책은 금지되고 존 클리프의 시체는 무덤에서 파내어 불태워진 일도 있었어요.

"루터! 루터!"

루터는 단숨에 독일 최고의 유명인이 되었어요. 그가 보여 준 행동은 그동안 교회의 만행에 숨죽이며 참았던 사람들을 자극했어요. 그런데 시간이 흐르자 농민들도 반란을 일으키기 시작했어요. 농민들은 교회도 불만이었지만 자신들을 종처럼 부려 먹는 귀족들도 미웠어요.

자, 성경입니다. 이제 여러분도 하느님 말씀을 직접 읽을 수 있어요!

하지만 그 불씨를 제공했던 루터는 몹시 못마땅했어요. 그는 처음부터 귀족들의 편이었으니까요.

"루터, 농민 반란을 어떻게 처리할까?"
"다 죽이세요."

루터의 제안대로 2년간 10만 명이나 되는 농민이 목숨을 잃었어요. 이후 독일은 루터를 지지하는 귀족과 교황을 지지하는 귀족으로 나뉘었어요. 결국 1555년, 루터가 주장한 내용은 인정을 받게 되고 교황으로부터 독립하게 되지요.

루터가 독일에서 성공을 거두자 스위스인 츠빙글리, 프랑스인 칼뱅 등이 가세하여 새로운 교회를 세웠어요. 이것이 유명한 '종교 개혁'이에요. 이때 새롭게 생긴 교회를 개신교, 혹은 프로테스탄트라 불러요. 프로테스탄트란, '저항'이란 뜻이에요.

이렇게 해서 기독교는 구교와 신교로 나뉘게 되었어요. 오늘날 흔히 성당과 천주교로 알려진 것이 구교이고, 목사와 교회, 기독교로 대표되는 것이 신교예요.

신교와 구교, 둘 다 성경을 읽고 예수를 유일신으로 믿는 종교지만 다른 점이 있어요. 신교는 카톨릭 교회의 문제점을 지적하면서 생겨난 종교예요. 신교가 가장 못마땅하게 생각한 것은 교회의 화려한 형식과 성직자들의 권력이었어요. 그래서 오늘날 교회에 가 보면 천주교처럼 화려하고 형식을 갖춘 예배 미사가 없어요. 대신 그 시간을 아껴 성경을 읽고 목사의 설교를 듣는 것을 더 중요하다고 생각하지요. 또 신교는 교황, 추기경, 대주교, 주교, 사제로 이어지는 성직자들의 권력과 계급을 없앴어요. 모든 성직자와 신도는 평등하다고 생각하는 것이죠.

경전의 권수도 달라요. 천주교의 경전은 73권이지만, 개신교는 여기서 7권을 뺀 66권을 경전으로 해요. 개신교가 7권을 뺀 이유는 이 책들이 위경, 즉 거짓된 성경이라고 생각하기 때문이에요.

경전을 부르는 이름도 달라요. 개신교는 성경, 천주교는 성서라고 불러요. 이렇게 따로 부르는 것은 한국뿐이에요. 중국인은 성경, 일본인은 성서라고 불러요.

무함마드와 이슬람교의 등장

예수가 사망하고 약 600년이 흐른 어느 날이었어요. 아라비아의 상인 무함마드는 동굴에서 명상을 하고 있었어요. 당시 그의 나이는 40세였어요. 그때, 어떤 목소리가 들려왔어요.

"엇? 누구십니까?"
"나는 천사 가브리엘이다."

가브리엘은 신의 계시를 들려주기 위해 왔다고 했어요. 이 천사의 등장은 이번이 처음이 아니에요. 600년 전, 예수가 탄생하기 전에 엄마 마리아에게 알려준 것도 가브리엘이었어요. 천사가 들려준 내용을 그대로 적은 것이 이슬람의 경전인 코란이에요.

오늘날 이슬람인들의 코란에 대한 자부심은 엄청나요. 유대교의 토라는 3,200년 전 모세의 십계 이후 바빌론 유수까지 약 2,600년간 수많은 유대인들에 의해 쓰였고 내용도 조금씩 달라졌어요. 기독교의 신약도 예수의 사망 이후 약 150년간, 약 40명의 사람을 통해 쓰인 책이에요. 또, 다른 언어로 번역되는 과정에서 단어나 문장이 달라지기도 했고요. 하지만 이슬람인들은 코란만은 1,400년 전 무함마드가 히라산 동굴에서 들었던 그 문장 그대로라고 믿고 있어요.

그러나 이것은 사실이 아니에요. 우선 무함마드는 글을 쓸 줄 몰랐어요. 그래서 주변 사람들에게 들었던 이야기를 들려주었어요. 이후 이야기들은 여러 사람들의 손을 거치면서 내용이 조금씩 다른 코란들이 동시에 등장하게 돼요. 현재의 코란으로 내용이 통일된 것은 무함마드가 죽은 지 300년이 지난 후고요. 과거에 기독교가 니케아 공의회를 거쳐 하나의 성경으로 통일된 것처럼 말이죠. 아무튼 무함마드는 자신이 들은 신의 계시를 사람들에게 전하기 시작했어요.

"유일한 신은 알라뿐입니다. 다른 신은 믿지 마세요."

그러나 아랍인들의 반응은 차가웠어요. 아랍 역시 다양한 신을 믿는 다신교 지역이었거든요. 게다가 메카는 당시 아랍의 국제적인 상업 도시여서 큰돈을 번 상인들이 많았어요. 무함마드도 신의 계시를 받기 전에는 그들 중의 한 명이었고요.

그런데 무함마드는 알라의 뜻이라며 부자 장사꾼이 부를 독점하는 것을 반대했어요. 그러니 아랍의 종교인들과 상인들이 무함마드를 어떻게 생각했겠어요? 당연히 미움을 샀고, 급기야 공격을 받게 되었지요.

무함마드를 없애라!

서기 622년, 무함마드는 메카를 탈출해 메디나로 가요. 이날이 이슬람의 명절인 헤즈라예요. 헤즈라는 '피신'이라는 뜻이고요. 또 622년은 이슬람 달력에서는 1년이 되는 해예요. 예수가 태어난 해가 서양 달력에서 서기 1년이 되듯 말이에요.

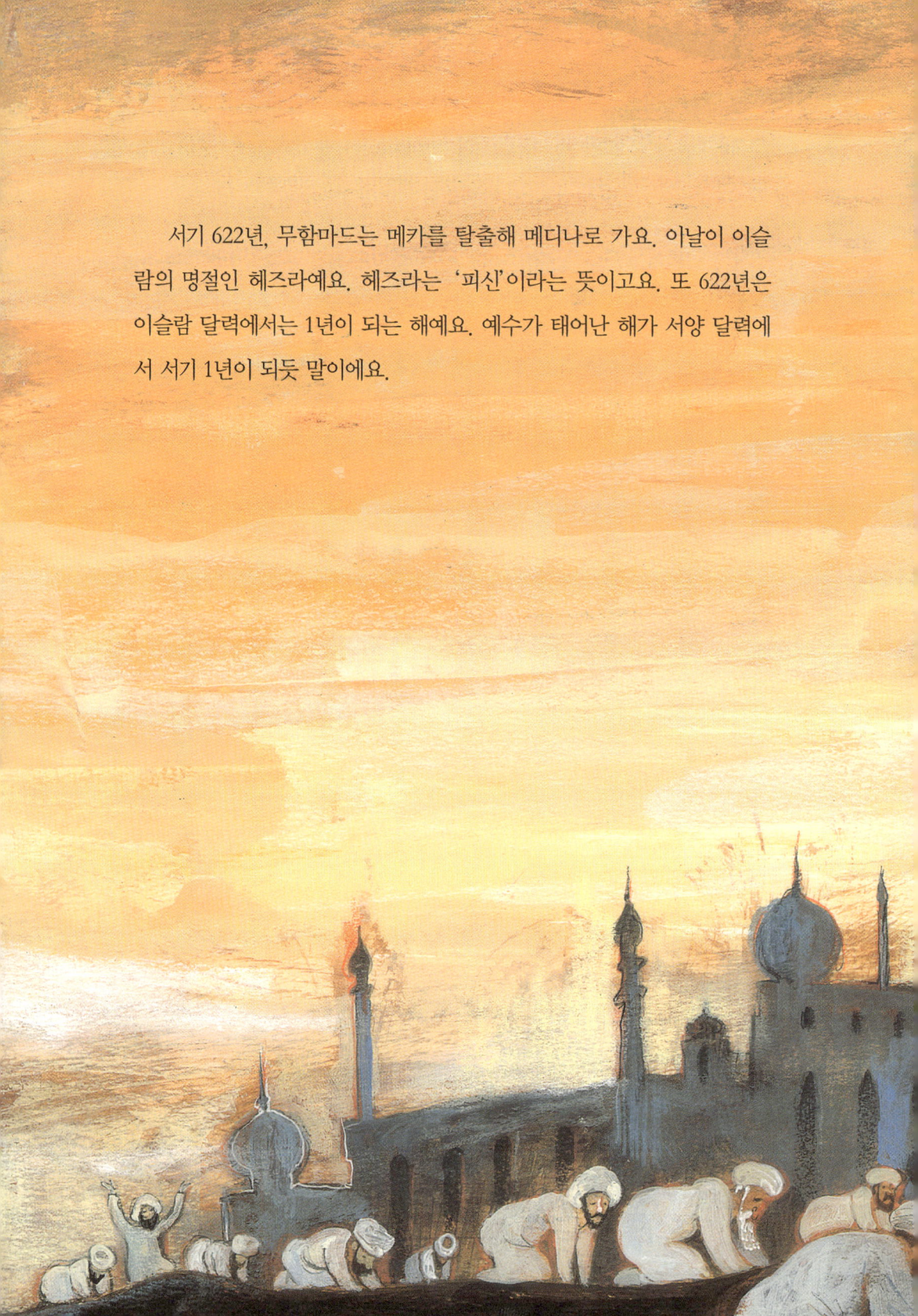

메디나에서 힘을 기른 무함마드는 8년 만에 다시 메카로 돌아와 전쟁을 시작했어요. 무함마드는 승리했고, 결국 중동 지역을 이슬람교로 통일하게 되지요. 마지막 일신교가 세상에 등장하는 순간이에요.

✝ 무함마드의 등장으로 이슬람교라는 새로운 일신교가 생겼다.

이슬람은 어떤 종교일까?

오늘날, 약 13억의 인류가 이슬람교를 믿고 있어요. 기독교가 약 20억 명이니 세계에서 두 번째로 큰 종교지요. 하지만 기독교를 천주교(11억 명)와 개신교(10억 명)로 분리하면 이슬람교는 단일 종교로는 가장 큰 종교예요.

이슬람은 아랍어로 '복종'과 '평화'라는 뜻을 가지고 있어요. 또 이

하느님 외에는 다른 신은 없으며 무함마드는 그의 예언자입니다.

1. 신앙 고백(샤하다)

하루에 5번, 메카를 향해 기도를 올리지요.

2. 기도(살라트)

가난한 사람을 위해서 쓰지요.

3. 헌금(자카트)

슬람교를 믿는 사람을 모슬렘이라고 하는데, 역시 '복종하는 사람'이란 뜻이에요. 즉, 복종은 이슬람교에서 대단히 중요한 의미를 갖고 있어요.

이슬람교 신자들에게는 반드시 지켜야 하는 다섯 가지 의무가 있어요. 그것을 다섯 기둥이라고 해요. 첫 번째 의무는 신앙 고백이에요. 신앙 고백의 구절은 다음과 같아요.

"하느님 외에는 신이 없으며, 무함마드는 그의 예언자입니다."

이 신앙 고백을 샤하다라고 해요. 유대교, 기독교의 십계 첫 계명인 '나 이외의 신을 믿지 말라'와 무척 비슷하죠? 두 번째 의무는 모든 이슬람인들은 새벽과 정오, 오후, 해 질 때, 밤, 이렇게 하루에 5번을 기도

4. 금식(사움)

5. 성지 순례(하지)

해야 해요. 세 번째는 헌금이에요. 모슬렘들은 자신의 재산에서 일정 부분을 다른 사람을 위해서 내놓아야 해요. 이를 자카트라고 해요. 자카트는 기독교의 십일조와 비슷해요. 네 번째 의무는 금식*이에요. 모슬렘들은 일 년에 한 달간은 해가 떠 있는 동안은 먹고 마실 수가 없어요. 그 기간을 라마단이라고 불러요. 라마단을 하는 이유는 절제와 금욕을 통해서 가난한 사람의 마음을 이해하기 위해서예요. 마지막 다섯 번째 의무는 순례예요. 모든 모슬렘은 반드시 죽기 전에 성지인 메카를 다녀와야 하는 의무예요.

> **모슬렘의 금식**
>
> 이슬람교는 라마단 기간 동안 금식을 엄격하게 지키지만, 누구나 어디서든 꼭 지켜야 하는 것은 아니다. 일반적으로 정상적인 정신을 가지고 있는 건강한 성인 모슬렘들에게 의무적으로 지키게 하고, 이교도나 정신 이상자, 어린이, 환자, 여행자, 임산부, 생활이 어려워 중노동을 해야 하는 사람들은 지키지 않아도 된다.

기독교와 비슷하지만 다른 이슬람교

기독교가 그랬던 것처럼 이슬람교의 출발도 유대교 경전에서 시작해요. 인류의 조상은 아담과 이브, 자신들의 조상은 아브라함이라고 적고 있어요. 그래서 코란과 토라, 성경은 앞부분이 매우 비슷해요. 심지어 노아의 방주까지 똑같지요. 하지만 코란은 구약과 비슷하면서도 미묘한 차이가 있어요.

아담의 갈비뼈로 만든 게 이브야! – 구약

아냐, 이브도 아담처럼 흙으로 만들었어. – 코란

아담과 이브가 사과를 따 먹어서 인류에게 원죄가 생겼어. – 구약

아냐, 알라는 둘을 벌써 용서했는걸, 그러니까 원죄 따윈 없어. – 코란

또 구약은 아브라함이 야훼의 명령으로 둘째인 이삭을 제물로 바쳤다고 적고 있지만, 코란은 형인 이스마엘이라고 되어 있어요. 누가 제물이 되었냐가 뭐가 그리 중요하냐고요? 그건 신이 누구를 선택했냐 하는 문제가 되기 때문에 매우 중요해요. 이삭은 유대 민족의 직계 조상이

고, 이스마엘은 아랍 민족의 직계 조상이니까요.

유대교의 토라에는 수많은 선지자가 등장해요. 앞으로도 계속 나올 것으로 예상되고 있고요. 코란에도 28명의 선지자들이 나와요. 방주를 만든 노아와 아브라함, 다윗, 야곱, 모세, 심지어 예수와 예수의 어머니 마리아까지 이슬람교의 선지자들이에요. 하지만 무함마드를 끝으로 더 이상 선지자는 나오지 않아요. **유대인들은 지금도 메시아를 간절히 기다리고 있지만, 이슬람인들은 기다리지 않아요. 무함마드에 의해 이미 알라가 왔다고 생각하니까요.**

이슬람교에 대한 오해들

 이슬람교는 세계에서 두 번째로 큰 종교이지만, 가장 오해를 많이 받는 종교이기도 해요. 대표적인 것이 '한 손에 칼, 한 손에는 코란'이라는 말이에요. 코란은 이슬람교를, 칼은 전쟁을 뜻해요. 이슬람교가 대단히 폭력적인 종교라는 걸 암시하지요. 특히 테러와 전쟁 소식이 끊이지 않는 중동의 소식이 들려오면 사람들은 습관적으로 이 말부터 떠올려요.

오해는 또 있어요. 다른 종교를 믿는 사람이 이슬람 지역에 가서 살려면 반드시 이슬람교로 바꾸어야 한다는 것이죠. 왜 이런 오해들이 생겼을까요?

먼저, '한 손에 칼, 한 손에 코란'이란 말부터 살펴볼까요? 이 말은 십자군 전쟁 이후 기독교인들이 만든 말이에요. 십자군 전쟁은 11세기 유럽의 기독교와 중동의 이슬람이 맞붙은 거대한 전쟁이에요. 전쟁을 일으킨 유럽은 이 전쟁에서 패배했지요. 그러자 유럽인들은 이슬람 군대가 유럽으로 쳐들어올지도 모른다는 두려움을 느꼈어요. 그때 기독교 신학자인 토마스 아퀴나스가 이렇게 말했어요.

"이슬람인들, 한 손에는 코란, 한 손에는 칼."

> ### 이슬람은 과격한 종교?
> 미국에서 2001년에 일어난 9·11 테러로 '이슬람=테러 집단'이라는 이미지가 강하다. 이는 미국 대중 매체들이 제공하는 일방적인 정보를 반복해서 받아들인 결과로, 그 뒤에 이어진 미국의 보복 공격을 생각하면 특정 종교와 인종에 대해 우리도 모르게 편견을 갖게 되었음을 알 수 있다.

당시, 유럽의 기독교인들이 이슬람 군대를 얼마나 두려워했는지를 드러내는 말이에요. 훗날 이 말은 사람들의 입을 타고 전해지면서 '이슬람교는 폭력적인 종교'라는 뜻으로 변했어요. 그런데 정말로 이슬람교는 과격하고 폭력을 좋아하는 종교*일까요?

기독교가 사랑의 종교, 불교가 자비의 종교라면 이슬람교는 평화의 종교예요. 또한 이슬람교는 자신들의 종교를 절대로 강요하지 않아요. 코란에 그렇게 나와 있으니까요.

> 종교에는 강요가 없나니 진리는 암흑 속에서부터 구별되느니라
> – 코란

옛날 기독교가 남미와 호주, 미국에서 선교할 때 개종하지 않는 사람을 학살한 것과 달리 이슬람교는 다른 나라를 정복한 후에도 종교를 강요하지 않았어요. 세금을 약간 더 내기만 하면 원래 종교를 인정해 주었지요.

　또 이슬람 지역에 가면 종교를 이슬람교로 바꿔야 한다는 것도 틀린 말이에요. 하지만, 다른 종교를 믿는 사람들이 이슬람 지역으로 들어와 전도하는 것은 절대로 안 돼요. 이슬람 법에 엄격히 금지되어 있거든요. 우리가 하지 않으니, 너희도 하지 말라는 뜻이에요.

시아파는 뭐고 수니파는 또 뭐지?

중동 소식을 뉴스에서 보면 심심치 않게 시아파니, 수니파니 하는 이야기를 들을 수 있을 거예요. 둘 다 이슬람교에서 나뉜 종파예요. 그런데 왜 나누어졌을까요? 그 대답을 알려면 다시 무함마드 시절로 돌아가야 해요.

632년 6월 8일, 이슬람교로 아랍의 종교를 통일한 무함마드는 62세에 숨을 거두어요. 그는 위대한 인물이었지만 한 가지 결정적인 실수를 하고 말았어요. 죽기 전, 자신의 후계자, 즉 칼리프*를 정하지 않은 것이죠.

그러자 칼리프 자리를 두고 큰 다툼이 벌어졌어요. 2대, 3대 칼리프는 무함마드의 친구들이 차례로 올랐어요.

'우리가 이렇게 두 눈 시퍼렇게 뜨고 살아 있는데…….' 무함마드의 가족은 몹시 못마땅했어요.

> **칼리프**
> 이슬람 세계의 종교적 지도자로, 기독교의 교황과 비슷하다. 물론 이슬람에도 '술탄'이라 불리는 왕이 있었다. 그런데 무함마드 시대에는 기독교 교황이 유럽의 왕들보다 더 세력을 떨쳤던 것처럼 술탄보다 칼리프가 훨씬 높은 위치였다.

칼리프는 이슬람 세계 최고의 자리였지만 그만큼 위험한 자리이기도 했어요. 실제로 2대, 3대 칼리프는 얼마 있지 않아 암살을 당해 죽고 말아요. 4대 칼리프는 마침내 무함마드 집안 사람이 오르게 되지요. 무함마드의 사촌이자 사위이기도 한 알리였어요. 그러나 그 기쁨은 오래가지 못했어요. 알리 또한 반대파에 의해서 살해되었어요. 설상가상으로 알리의 두 아들마저 무참히 살해되고 말지요.

지금으로부터 1,400년 전, 결국 이슬람교는 두 세력으로 분리돼요. 알리를 따르는 집단인 시아파와 그 반대 세력인 수니파로요. 둘 다 이슬람교지만 교리는 미세하게 달라요. **수니파는 코란 자체가 완벽하다고 생각해요. 그러나 시아파에는 코란을 따로 해석해서 들려주는 이맘이라는 종교인이 있어요.** 이맘은 교회의 목사와 비슷하다고 보면 돼요. 혹시 호메이니라는 이름을 들어 봤나요? 기다란 흰 수염이 인상적인 이란의 유명한 종교 지도자인데, 그가 바로 대표적인 이맘이에요.

오랜 세월이 흘렀지만 시아파와 수니파는 여전히 으르렁대고 있어요. 대부분의 이슬람 신자들은 수니파에 속해요. 전체 이슬람 인구의 80퍼센트나 되니까요. 수니파의 대표적인 나라로는 이라크, 쿠웨이트, 사우디아라비아예요. 반면 시아파의 대표적인 국가는 이란이에요. 특히 이란과 이라크는 1980년부터 1988년까지 전쟁을 벌일 정도로 앙숙이랍니다.

chapter IV
동양의 종교

동양의 종교는 사람과 자연을 하나로 보는 데에서 시작했다.

아바타와 힌두교

오늘날, 지구상에서 불교를 믿는 사람은 약 4억 명이에요. 기독교의 5분의 1이고 힌두교 신자 수의 절반밖에 되지 않아요. 그럼에도 불구하고 불교는 기독교, 이슬람교와 함께 세계 3대 종교로 꼽혀요. 힌두교 신자가 대부분 인도에 몰려 있는 반면 불교는 세계 대륙에 고르게 퍼져 있기 때문이죠.

그러나 불교를 이해하려면 먼저 힌두교부터 알아야 해요. 기독교를 이해하려면 유대교를 알아야 하듯 말이죠. 기독교의 뿌리가 유대교이듯 불교의 뿌리는 힌두교예요. 힌두교는 지구상에서 가장 많은 신이 존재하는 종교예요. 무려 3억 3천만이나 되니까요.

난 브라흐마. 세상을 뚝딱뚝딱 창조하는 신이야.

더 놀라운 사실은 지금 이 순간에도 쉼 없이 불어난다는 거예요. 대체 무슨 신이 이렇게 많은 걸까요?

힌두교의 신들은 서로 결혼을 해서 자식을 낳아요. 그리스 로마 신화에 나오는 신들처럼요. 그리고 그 자식들도 자연히 새로운 신이 되지요. 그 뿐만이 아니에요. 동물이든 다른 종교의 신이든 숭배할 만한 가치가 있다고 생각되면 언제든지 힌두교의 신이 될 수 있어요. 부처는 물론이고 인도의 어떤 마을에는 예수도 버젓이 그 신들 속에 들어 있답니다. 그래서 인도를 흔히 신들의 고향이라고 해요.

그럼 인도인들은 이 신들을 다 믿는 걸까요? 아니에요. 그 많은 신을 어떻게 다 믿겠어요? 인도인들은 자기 마음에 드는 신을 골라서 믿어요. 마치 우리가 마트에 가서 진열되어 있는 물건을 고르는 것처럼요. 이것이 힌두교의 매력이에요. 다신교이면서 일신교의 성격을 두루 갖추고 있지요. 신들 중에서 인도인들에게 가장 인기가 높은 신은 브라흐마, 비슈누, 시바 이렇게 셋이에요.

게임을 좋아하는 친구들은 비슈누라는 이름을 한 번쯤 들어 봤을 거예요. 비슈누는 정의와 평화의 신이에요. 인간이 힘들어할 때면 짠! 나타나서 도움을 주기도 하지요. 그래서 인도인들이 무척 좋아하는 신이에요. 그런데 비슈누는 인간 앞에 나타날 때 변신을 해요. 코끼리 같은 동물일 때도 있고 사람일 때도 있어요. 그 변신한 모습을 아바타*라고 불러요. 유명한 영화 제목이기도 하지요. 변신술의 귀재인 비슈누가 10번째로 나타난 아바타가 불교의 부처예요. 어디까지나 힌두교인들의 생각이지만요.

그런데 좀 이상하지 않나요? 왜 힌두교의 신들은 힘들게 만든 세상을 파괴했다가 또 만들고를 반복할까요? 그것은 인도인이 세계를 보는 시각이 반영되었기 때문이에요. 인도인들은 봄에 싹이 돋아나고, 여름에 꽃이 피었다가 겨

영화 「아바타」

원주민 나비족의 DNA를 본떠 만든 '아바타'를 이용하여 그들의 자원을 차지하려는 지구인의 음모를 다룬 영화로, 지구 환경 오염, 타문명권 파괴, 인간의 탐욕 등에 경각심을 불러일으켰다. 이 영화의 감독은 인도의 신들에서 아이디어를 얻었다고 한다.

울에 시들고 다음 해 봄에 다시 꽃이 피듯, 세상은 창조와 소멸이 끝없이 반복된다고 생각해요. 마치 수레바퀴가 끊임없이 회전하듯, 인간의 삶도 태어나고 죽고 태어남을 반복한다고 보는 것이지요. 이것을 '윤회 사상'이라고 해요. 흔히 윤회는 불교의 이론으로 알려져 있지만 사실은 힌두교의 내용이랍니다.

카스트 제도와 윤회

카스트 제도라고 들어 봤나요? 4개의 계급으로 이루어진 인도의 신분 제도예요. 가장 높은 계급이 브라만이고 차례로 크샤트리아, 바이샤, 수드라 순이지요. 브라만은 힌두교 승려, 크샤트리아는 왕족과 무사, 바이샤는 농민과 상인, 마지막 수드라는 노예예요. 왕족보다 승려가 더 높다니 신들의 나라답죠? 그런데 이게 끝이 아니에요. 카스트에 들 수조차 없는 천한 신분이 하나 더 있어요. 바로 불가촉천민이에요.

불가촉천민, 풀이하면 감히 만지거나 스치는 것조차 불쾌할 정도로 더러운 사람들이란 뜻이에요. 카스트 제도에 들지도 못할 정도로 그들은 인간 이하의 취급을 받아요. 이를 불쌍하게 여긴 사람이 인도 독립 운동의 아버지인 간디였어요. 간디는 그들 역시 인간이라고 생각해, 하리잔이라는 예쁜 이름도 붙여 주었어요. 신의 자녀란 뜻이에요. 오늘날 하리잔은 약 3억 명으로 인도 인구의 25퍼센트나 돼요.

카스트 제도는 조선의 신분 제도와 매우 비슷해요. 한 번 신분이 정해지면 대를 이어 세속되며 변하지 않아요. 할아버지가 수드라면 손자

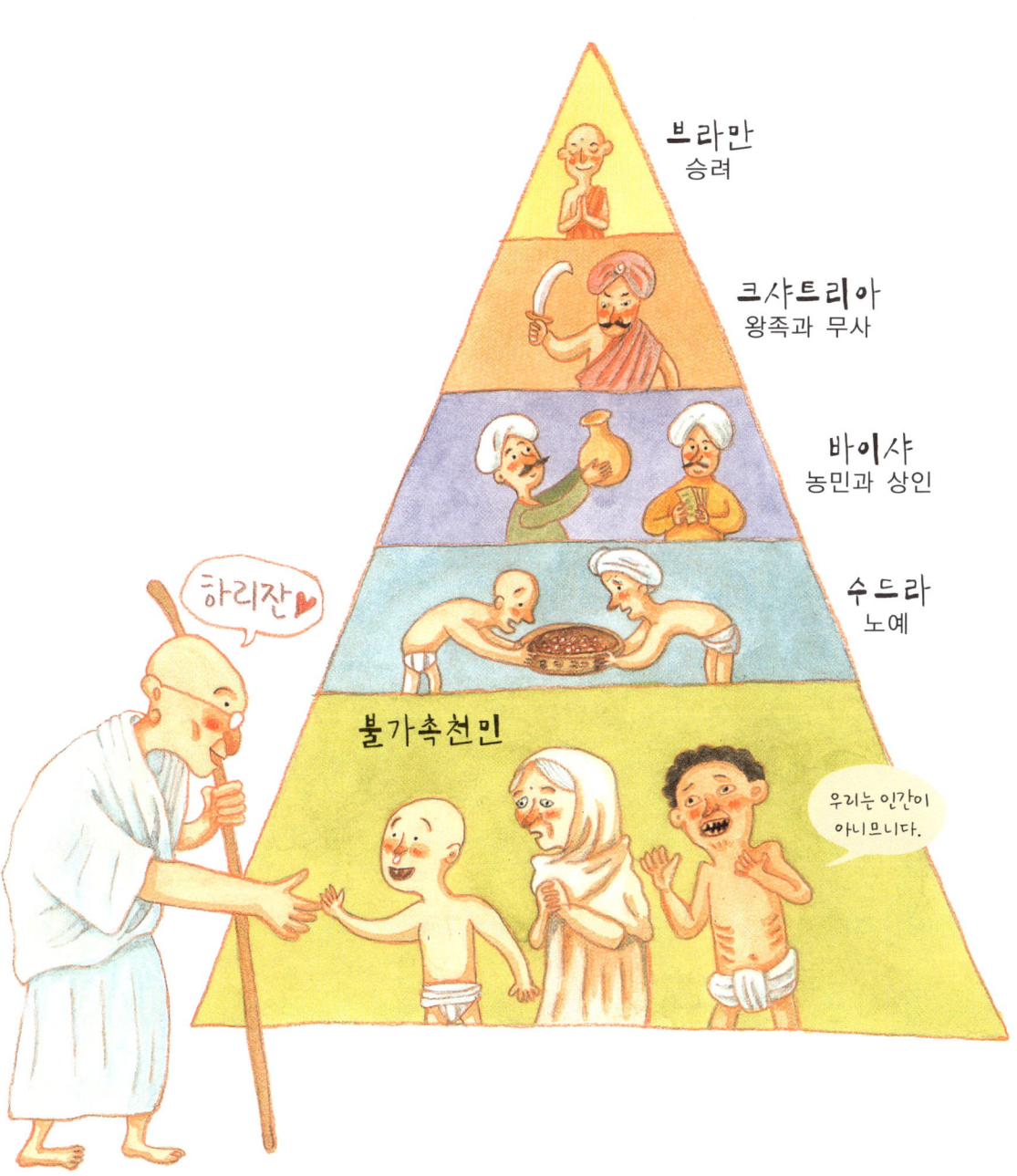

도 수드라인 거죠. 또, 다른 신분과 결혼도 할 수 없어요. 자신의 능력과 관계없이 정해진 직업만 가질 수 있고요. 가령 아무리 장사에 재능이 있어도 신분이 수드라면 상인이 될 수 없어요. 정말 비효율적이죠?

인도의 미래를 걱정한 사람들은 이 낡은 신분 제도를 없애려고 무진장 노력했어요. 하지만 번번이 실패했지요. 3천 년 동안 이어져 오면서 너무도 깊이 뿌리 박혀 있기 때문이에요. 참다 못한 인도 정부는 영국으로부터 독립한 1947년에 아예 법으로 이 신분 제도를 없애 버렸어요. 하지만 정부의 노력을 비웃기라도 하듯 카스트 제도는 지금도 인도 사회에 남아 있답니다.

카스트 제도가 좀처럼 사라지지 않는 가장 큰 이유는 바로 힌두교에 있어요. 3,500년 전의 일이에요. 어느 날, 북방의 한 민족이 인도를 침입해 점령하는 사건이 일어났어요. 그들은 강력한 철기 문명을 소유한 아리아인이었어요. 이 과정에서 아리아인의 종교인 바라문교(브라만교)와 인도의 토속 종교와 민속 신앙이 만나 새로운 종교로 발전하게 되는데, 그것이 힌두교예요.

한편, **아리아인들은 인도인들이 불평 없이 자기들의 지배를 받기를 바랐어요. 인도인들은 많고 자신들의 머릿수는 얼마 되지 않은데 반란이라도 일어나면 난감하잖아요. 그래서 통치하는 방법으로 써먹은 것이 윤회설이에요.**

"인도인, 우리가 지배한다고 너무 불만 갖지 마. 다음 세상에 좋게 태어나면 되잖아."

"지금 힘든 것은 너희가 전생에 죄가 많아서 그래. 벌 받는다고 생각해."
"어, 그럴 수도 있겠군!"

인도인들은 고개를 끄덕였어요. 지금 내 신분이 낮은 것은 전생에 나쁜 짓을 많이 한 벌이라고 말이에요. 대신 열심히 살고 착한 일을 많이 하면 다음 세상에는 좋은 신분으로 태어날 거라는 희망을 가졌지요. 그래서 묵묵히 현실을 받아들였어요. 그 결과 아리아인들은 4계급 중, 상위 3계급을 몽땅 차지해 버렸어요. 이것이 카스트 제도예요.

그런데 2,600년 전, 힌두교의 윤회설에 조금 다른 생각을 가진 사람이 나타났어요. 그의 이름은 고다마 싯다르타였어요.

깨달음을 얻은 왕자, 싯다르타

기원전 6세기, 고다마 싯다르타는 인도 북부의 작은 왕국의 왕자로 태어났어요. 카스트의 두 번째 계급인 크샤트리아에 속하는 왕족이었지요.

왕족인 싯다르타의 어린 시절은 부족함이 없었어요. 왕인 아버지는 싯다르타를 위해 계절마다 다른 궁전을 지어 줄 정도로 정성을 다해 키웠어요. 19세가 되었을 때에는 이웃나라 공주와 결혼도 했고요. 그렇게 싯다르타는 줄곧 왕궁 안에서만 살았어요.

그러던 어느 날, 싯다르타는 성 밖으로 외출을 나갔다가 크게 놀랐어요. 거리에는 가난하고 병들고 늙어서 죽어가는 사람이 가득했어요. 화려한 궁궐 생활에만 익숙했던 왕자에게는 큰 충격이었지요.

세상은 이렇게 고통이 가득하구나!

이때부터 싯다르타는 죽음에 집착하게 돼요.

'인간은 왜 죽고 사는가? 인간은 왜 병이 드는가? 이 지독한 윤회를 끊을 방법은 없는가?'

그러나 29세의 싯다르타는
그 대답을 알 수가 없었어요.
그래서 그는 결심을 해요.
궁궐을 떠나 밖에서
그 답을 찾기로
말이죠.

† 싯다르타는 보리수나무 아래에서 명상을 통해
삶과 죽음에 대한 답을 찾았다.

싯다르타는 여기저기 떠돌며 많은 사람들을 만났어요. 당시 인도에는 싯다르타와 비슷한 고민을 하는 철학자들이 곳곳에 우글거렸어요. 하지만 그 대답을 찾는 방법은 다 달랐지요. 요가를 하는 사람도 있고, 더운 여름날 땅속에 들어가 머리만 내놓은 사람도 있었어요. 그걸 본 싯다르타는 자신도 그렇게 하면 대답을 찾을 수 있을까 싶어서 쌀 한 톨만 먹고 하루를 견뎌 보기도 했어요. 그러나 몸만 축날 뿐 어떤 답도 못 찾았지요.

결국 싯다르타는 자신의 방법으로 답을 찾기로 결심해요. 눈을 감고 앉아 깊은 생각에 잠기는 것이었어요. 보리수나무 아래에 자리를 잡고 싯다르타는 길고 긴 명상에 들어갔어요. 그렇게 49일 후, 눈을 떴을 때 그토록 원하던 답을 찾아냈어요. 그의 나이 35세, 궁궐을 떠난 지 6년만의 일이었어요.

이때부터 사람들은 그를 붓다(부처)라고 불렀어요. 붓다란, 깨달음을 얻은 사람을 뜻하는 인도어예요. 동양의 거대 종교 중 하나인 불교는 이렇게 탄생했어요.

이후, 부처는 인도를 돌며 자신이 깨달은 것을 가르치기 시작했어요. 그러자 수많은 사람들이 몰려와 그의 제자가 되었어요. 그 중에는 그의 아버지, 어머니, 아내, 아들도 있었답니다. 많은 인도인들이 부처에게 열광한 이유는 그가 주장한 평등사상 때문이었어요. 엄격한 인도의 카스트 제도에서도 부처는 신분과 남녀를 가리지 않고 제자로 받아들였어요.

부처를 존경하는 사람과 제자들은 늘어났지만, 그의 생활은 별로 달라지지 않았어요. 29세에 궁궐을 나온 후 숨을 거둘 때까지 50년을 길에서 자고 걸식으로 먹고 살았어요. 밥을 구할 수 없을 때에는 쌀뜨물이나 먹다 버린 음식도 먹었지요. 결국 부처가 숨을 거둔 곳도 길 위였어요. 어떤 이가 준 상한 돼지고기를 먹고 식중독에 걸린 거예요.

"모든 것은 변한다, 열심히 정진하라."

이 유언을 남기고 부처는 숨을 거두었어요. 그의 나이 80세였어요.

신에 의존하지 마!

 부처는 무엇을 깨달았을까요? 그리고 그것은 힌두교와 어떻게 다를까요?

불교와 힌두교, 모두 기본적으로 윤회를 믿어요. 그 윤회를 끊고자 하는 것이 목표인 점도 같고요. 그러나 윤회를 끊는 방법은 달라요. 이것이 힌두교와 불교의 큰 차이점이에요.

힌두교는 기본적으로 애니미즘의 종교예요. 애니미즘은 모든 만물에 영혼이 있다고 믿는 종교예요. 그래서 힌두교는 유난히 신의 수가 많죠. 그런데 이 모든 영혼(아트만)은 스스로 생겨난 게 아니라 창조신인 브라흐마가 사물마다 자신의 영혼(브라흐만)을 골고루 나눠 줬기 때문에 생긴 거라고 믿어요.

그래서 힌두교는 인간이 몇 번을 다시 태어나도 영혼은 그대로라고 믿죠. 마치 가면을 쓰듯 모습만 계속해서 바뀔 뿐이라고요. 이것을 윤회라고 하고, 윤회를 끝내려면 꾸준히 수행하여 인간의 영혼이 창조신의 영혼과 같아지게 만들면 된다고 생각했어요. 다시 말해, '아트만=브라흐만'이 되는 것이 힌두교의 목표예요.

신에 의존하지 말고 스스로 깨달아야 한다. 깨닫는 순간 윤회는 끝이 난다.

하지만 부처는 그렇게 생각하지 않았어요. 힌두교는 다신교답게 신을 통해 윤회를 끊을 수 있다고 주장했지만, **부처는 신에게 의존할 필요 없이 인간 스스로 깨달으면 누구나 부처가 될 수 있고 윤회를 끊을 수 있다고 가르쳤어요.** 불교를 신이 없는 종교라고 말하는 것도 이 때문이에요.

또 부처는 인간은 욕심 때문에 고통을 겪는다고 생각했어요. 그래서 그 고통에서 벗어나는 8가지 방법을 제시했죠. 그것이 팔정도*예요.

팔정도

부처가 알려 준 8가지 정진법으로, 올바로 보는 정견, 올바로 생각하는 정사 또는 정사유, 올바르게 말하는 정어, 올바로 행동하는 정업, 올바르게 목숨을 유지하는 정명, 올바르고 부지런히 노력하는 정근 또는 정정명, 올바르게 기억하고 생각하는 정념, 올바르게 마음을 안정하는 정정이 그것이다. 부처는 8가지 정진법을 부지런히 닦고 실천하면 윤회의 고통에서 벗어난다고 가르쳤다.

쓰지 말고 외워!

기독교에 성경이 있다면, 불교에는 불경이 있어요. 원래 '경'이란 부처가 살아 있을 때 하신 말씀들이에요. 신약의 복음서가 예수의 행동과 말씀을 기록한 것처럼요. 그런데 불경은 성경보다 내용도 많고 종류도 엄청 다양해요. 법화경, 금강경, 아함경, 법구경 등등. 이 불경들은 어떻게 만들어졌을까요?

부처가 돌아가신 지 석 달쯤 지난 어느 날, 부처의 제자들이 한자리에 모였어요. 모임의 목적은 부처의 말씀을 정리하기 위해서였지요. 더 늦어지면 영영 잊혀질 수 있거든요. 아마 회의의 모습은 이러했을 거예요.

"저는 이렇게 들었어요. 부처님은 그때 이렇게 이렇게 말씀하셨어요."
"맞아요, 저도 기억나네요."

이것을 불교 용어로 결집이라고 해요. 그럼 기록을 했을까요? 아니에요. 내용이 맞다고 확인되면 다 함께 중얼중얼 외웠어요. 그냥 적으면 간단할 텐데 이해가 안 되죠?

오늘날에도 이 전통이 남아 있어요. 스님들이 불경을 외우는 것이나 불경 테이프를 잘 들어 보세요. 시조를 읊듯 흥얼흥얼하는 것을 들을 수 있을 거예요. 중간에 목탁으로 리듬도 넣어 가면서 말이죠.

그런데 문제가 생겼어요. 100년 후 열린 2차 결집 때 스님들은 서로 다투기 시작했어요. 부처님 말씀이 아니라 규칙 때문이었어요. 지금까지 스님들은 정해진 규칙에 따라 생활을 했는데 현실과 잘 맞지 않는 부분이 있었어요. 젊은 스님들은 그것이 불만이었어요.

"밥은 꼭 그 자리에서 다 먹어야 하나요? 배부른데 좀 남겨 뒀다 먹으면 안 돼요?"
"금과 은덩이를 시주 받으면 어떻게 해요? 거절해야 하나요?"
"낮 12시 이후에 밥 먹으면 안 되나요?"
"술은 먹지 말라는데, 아직 발효가 안 된 과일즙도 술에 속하나요?"

'뭐 이런 걸로 불만을 갖지?'라고 생각하겠죠? 그런데 종교의 역사에서 이런 모습은 종종 볼 수 있어요. 평범한 사람들 눈에는 결코 심각해 보이지 않는 것도 종교인들에게는 중요한 문제가 될 수 있어요.

아무튼 오랫동안 엄격한 규칙에 익숙했던 나이 든 스님들은 바꾸기를 원치 않았어요. 그 결과 불교는 약 20개로 쪼개지게 되지요.

누구보고 소승 불교래!

2차 결집 이후, 스님들은 부처가 남긴 말씀을 연구하고 해석하는 데 많은 시간을 보냈어요. 연구하는 것은 좋은데 너무 지나치다 보니 점점 더 어려운 이론들이 쏟아져 나왔지요. 게다가 스님들은 백성들과 만나 불교를 설명하기 보다는 깊은 산에 동굴을 파서 혼자 수행하는 것을 더 좋아했어요. 그렇게 불교는 점점 백성들로부터 멀어지고 있었지요.

그때 커다란 변화가 일어났어요. 스님들을 만나기 힘들어지자 인도인들이 부처님의 뼈를 담아 둔 탑으로 몰려들었어요. 이때 등장한 인물들이 탑의 관리인들이었어요. 비록 스님들 만큼 불교에 해박하지는 않았지만 그들은 누구보다 재미있게 이야기를 할 줄 알았어요.

"오늘은 부처님 전생에 대해 이야기해 드릴까요?"
"와, 좋아요!"

탑 관리인들은 귀에 쏙쏙 들어오도록 불교를 설명해 주었어요. 물론 그 과정에서 꾸며 낸 이야기들도 있었지요. 이것을 '스투파 불교'라고 해요. 스투파는 인도어로 탑이란 뜻이에요. **스투파 불교는 불경을 잘 몰라도 부처님만 열심히 믿으면 극락에 갈 수 있다고까지 했어요. 이것이 아미타불 사상이에요. 이 부분은 대단히 흥미로워요. 왜냐하면 부처님이 살아 있을 때에는 극락이니 관세음보살이니 미륵보살 같은 단어들은 없었거든요. 인간이었던 부처가 조금씩 신격화되기 시작한 거예요.**

반야경, 화엄경, 법화경 등등, 한국인들에게 익숙한 불경들이 만들어진 것도 이때부터였어요. 이 불경들은 2세기부터 중국에 전해졌고, 다시 한국과 일본에까지 전해지게 돼요.

그 옛날 산신령과 부엌 신에게 소원을 빌었던 한국인들은 이제 같은 방식으로 부처에게 빌기 시작했어요. 심지어 고려 시대에는 몽고가 침략하자 부처의 힘으로 물리치기를 기원하면서 팔만대장경을 만들기도 했지요. 오늘날에도 이런 전통은 고스란히 남아 있어요. 사람들이 불상 앞에 절하면서 간절히 기도하는 모습을 쉽게 볼 수 있으니까요.

이처럼 중국, 한국, 일본의 불교는 스투파 불교예요. 이 불교는 인도에 남아 있던 초기 불교와는 다르지요. 중국인들은 둘을 구분하기 위해 뭔가 이름을 붙여야겠다고 생각했어요.

"우린 대승 불교, 쟤내들은 소승 불교!"

대승은 한자로 큰 수레, 소승은 작은 수레란 뜻이에요. 대승 불교는 여럿이 함께 깨달음을 얻어 부처가 되자는 내용이고, 소승 불교는 혼자서 깨달음을 얻는다는 뜻이에요. 하지만 소승 불교를 믿는 남아시아, 즉, 태국, 베트남, 스리랑카 사람들은 이 단어를 불쾌하게 여겨요. 중국인들이 멋대로 소승 불교란 말을 지어내 자신들을 낮춰서 부른다고요. 그도 그럴 것이 대승 불교라는 말 안에는 자신들이 세계의 중심이라고 믿는 중국인의 중화사상이 들어 있어요.

부처와 알렉산더 대왕

오늘날 어떤 절에 가더라도 불상과 부처님의 모습이 그려진 불화를 쉽게 볼 수 있어요. 하지만 만일 부처가 이 모습을 본다면 크게 놀랄 거예요. 불같이 화를 낼지도 모르겠네요. 왜냐하면 부처는 절대로 자신의 모습을 남기지 말라고 했거든요. 혹시 자신이 죽은 뒤 신으로 숭배될까 봐 우려했던 것이지요.

그래서 초기 불교에는 불상이나 불화가 없어요. 기껏해야 부처님 발자국 정도를 조심스럽게 그렸을 뿐이죠. 이런 전통은 부처가 죽고 무려 500년간이나 유지돼요.

그런데 기원전 3세기, 그리스의 알렉산더 대왕이 동방 원정 길에 오르면서 변화가 일어났어요. 알렉산더는 최대의 라이벌이었던 페르시아를 물리치고는 내친김에 인도까지 달려갔어요. 그러나 인도 본토까지는 들어오지 못하고 인도의 북서부, 그러니까 오늘날의 파키스탄과 아프가니스탄 지역까지만 영토를 넓힌 후 철수했지요. 대신 자신의 부하를 그곳에 남겨 다스리게 했어요.

인도의 지도를 살펴보면 북쪽에 두 개의 큰 강이 있는 것을 볼 수 있어요. 서쪽의 인더스 강과 동쪽의 갠지즈 강이에요. 부처가 활동한 지역은 동쪽의 갠지스 강 유역이었고, 그리스의 영토는 서쪽의 인더스 강 유역이었어요.

그런데 부처가 죽은 뒤 불교는 동쪽에서 서쪽으로 전파되기 시작해요. 그리고 서기 1세기, 드디어 불교는 그리스인들의 지역까지 들어가게 되죠. 유럽의 그리스와 불교가 만난 거예요.

그리스인들은 세계에서 가장 조각과 동상을 사랑하는 사람들이에요. 인간과 동물은 물론 그리스 신화의 신들까지 닥치는 대로 동상과 조각으로 만들어 냈어요. 조각의 귀재라 불리는 그리스인들에게 부처라고 예외일 리가 없었어요. 그런데 그들이 300여 년 전에 사망한 부처의 얼굴을 알 리가 없잖아요. 자신의 흔적을 남기지 말라는 부처의 뜻대로 참고할 만한 부처의 그림 한 점 없었고요. 결국 그리스인들은 부처를 표현하기 위해 온갖 상상력을 쥐어 짜냈어요.*

"부처님 얼굴은 우리 그리스인처럼 표현하자."

예수의 진짜 모습

그리스인들이 자신들의 모습을 닮은 부처를 조각했듯, 200년 후에는 유럽인의 모습을 닮은 예수의 모습을 그리고 조각한다. 파란 눈에 긴 머리, 흰 피부. 바로 오늘날 우리에게 익숙한 예수의 얼굴이다. 하지만 이것은 남부 유럽인의 얼굴이지 2천 년 전 활약한 유대인, 예수의 얼굴이라고 보기는 힘들다. 그리고 오늘날 유대인의 모습은 유럽인의 피가 많이 섞여서 2천 년 전 유대인의 얼굴이라고 보기 어렵다. 그에 비해 아랍인은 그때의 모습을 거의 그대로 간직하고 있다. 또한 아랍인은 유대인과 같은 혈통인 셈족 출신이기도 하다. 따라서 실제 예수의 얼굴은 아랍인처럼 까무잡잡한 피부일 가능성이 높다.

"부처님 옆에는 헤라클레스와 알렉산더 대왕도 넣고."

이것이 세계 최초의 불상이에요. 이 지역에서 발견된 불상들은 오늘날 우리에게 익숙한 그것과는 많이 달라요. 생뚱맞게도 유럽 남자의 얼굴에 그리스 귀족들이 입는 헐렁한 옷을 입고 있어요. 심지어 부처의 옆에 알렉산더 대왕과 그리스 신화의 헤라클레스가 함께 등장하기도 해요. 마치 부처의 수호신처럼 말이죠.

이후, 불상과 불화를 만드는 문화는 인도를 거쳐 동아시아 전역으로까지 흘러 들어가게 돼요. 이것을 간다라 미술이라고 하는데, 간다라는 당시 그리스인들이 다스리던 지역에 있던 작은 마을의 이름이에요.

만일 2,300년 전, 알렉산더가 인도 근처까지 오지 않았다면 어떻게 되었을까요? 불상이 없는 절에 우리는 더 익숙해 있을까요? 아니면 그래도 누군가가 불상을 만들어 냈을까요?

중국에 들어온 불교

 동아시아에서 가장 먼저 불교를 받아들인 나라는 2세기 중국이에요. 당시 중국은 북방 유목 민족의 침략으로 두 나라로 분열된 상태였어요. 북방 민족이 내려와 나라를 세우자 한족*은 별 수 없이 남쪽으로 도망가 나라를 세웠어요. 이를 남북조 시대라 불러요. 북조를 세운 유목 민족은 나라를 다스리기 위해 새로운 사상이 필요했어요. 당시 중국에는 유교와 도교가 있었지만 그들은 별로 탐탁지 않게 여겼어요.

> **한족**
>
> 중국 본토에서 예로부터 살아온, 중국의 중심이 되는 종족이다. 중국 전체 인구의 90퍼센트 이상을 차지한다.

 유교, 도교, 둘 다 너무 한족의 냄새가 난단 말이야. 뭔가 새로운 것이 없을까?

그래서 받아들인 것이 불교였어요. 북조는 불교를 받아들이고는 왕이 곧 부처라는 왕즉불 사상을 만들었어요. 백성들로 하여금 부처처럼 왕을 잘 믿고 따르라는 뜻이었죠.

한편 남쪽에 나라를 세운 한족은 매우 수치감을 느꼈어요. 자랑스러운 자신들이 오랑캐에게 밀려났으니까요.

"이게 다 도교와 유교 때문이야. 우리도 새로운 이념이 있어야겠어."

이렇게 해서 한족도 불교를 받아들였어요. 북방 민족과 한족이 비슷하지만 다른 이유로 불교를 받아들인 것이지요.
그럼 이들로부터 불교를 받아들인 우리나라는 어땠을까요? 6세기, 신라에 불교가 들어왔을 때 신라의 왕은 힘이 매우 약했어요. 6부의 귀족들이 권력을 나눠 가지고 있었거든요. 당시 신라의 중요한 일은 귀족들이 참여한 만장일치로 결정했어요. 심지어 왕이 결정한 내용도 귀족들은 거부할 수 있었어요. **당시 왕이었던 법흥왕은 불교를 통해 귀족들의 힘을 눌러야겠다고 생각했어요.** 이 사실을 눈치 챈 귀족들은 당연히 강하게 반발했지요.

"우리 토속 종교도 충분한데 무슨 종교를 수입합니까? 반대합니다!"

그러던 중 승려인 이차돈이 덜컥 절을 지어 버렸어요. 사실을 안 귀족들이 들고 일어나 왕에게 따졌지요. 법흥왕은 즉시 법을 어긴 이차돈을 체포했어요. 이차돈은 만일 자신을 죽이면 목에서 흰 피가 나오고 하늘에서 꽃비가 내릴 거라고 말했어요. 에이, 설마? 하며 목을 잘랐더니 정말로 우윳빛 피가 흐르고 하늘에서는 꽃비가 내렸대요. 귀족들은 두

려움에 질려 두 말 못하고 불교를 인정했지요.

그런데 정말 그랬을까요? 다른 해석을 하는 학자들이 많아요. 사실 이 모든 것은 법흥왕과 이차돈이 약속한 연극이었을 거라고요. 원래 이차돈은 승려가 아니라 법흥왕의 신하였어요. 절을 지으라고 명령한 것도 법흥왕이었고요. 이차돈은 불교와 왕을 위해 스스로 목숨을 내놓았던 거예요. 목에서 흰 피가 나오고 꽃비가 내렸다는 내용도 사실이 아닐 가능성이 높아요. 왜냐하면 이미 80년 전 중국 위나라에도 똑같은 기록이 있거든요.

> 잘린 목에서 흰 피가 흘렀고 꽃비가 내렸다. - 중국의 불경, 현우경

공자, 유교의 창시자

부처가 인도를 돌며 설법을 했던 그 시간, 중국의 위대한 사상가도 중국을 돌며 자신의 이야기를 하고 있었어요. 바로 유교를 창시한 공자예요.

공자는 부처보다 약 10년 늦게 탄생한 인물이에요. 석가모니가 부처의 본명이 아니듯, 공자 역시 그의 본명이 아니에요. '공자'*의 원래 이름은 공구예요.

당시 중국은 여러 개의 나라로 쪼개져 다투던 어수선한 시절이었어요. 그때 학자들의 가장 큰 걱정거리이자 관심사는 어떻게 하면 이 혼란한 시대를 빨리 수습할 수 있을까였지요.

수많은 학자들이 나타나 저마다의 해결책을 말했어요. 공자도 그들 가운데 한 명이었고요. **공자가 세상을 다스릴 방법으로 생각한 것은 인, 의, 예였어요. 인이란, 다른 사람을 먼저 생각하는 마음이고, 의란, 옳다**

공자라 불리는 이유

'자'는 학식이 높은 사람에게 붙여진 이름이다. 노자, 맹자, 장자 등 중국의 위대한 사상가들의 이름은 이렇게 만들어졌다.

고 생각하면 행동하는 것, 예란, 사람들 사이에 지켜야 할 도리와 규칙을 말해요.

　공자는 자신의 방법이 옳다고 굳게 확신했어요. 직접 관리가 되어 백성들에게 실천하기도 했고요. 벼슬을 그만둔 후에는 중국 전역의 왕들을 찾아다니며 직접 강의하기도 했어요. 무려 14년간이나 말이에요. 그러나 대부분의 왕들은 공자의 말에 심드렁했어요.

　중국의 왕들은 이웃 나라와의 전쟁을 멈출 수가 없었어요. 크게 실망한 공자는 고향인 노나라로 돌아와 제자들을 가르치고 책을 지으면서 살다가 쓸쓸히 숨을 거두었어요.

폐하, 유학을 받아들이세요!

공자가 사망하고 약 300년 후의 일이에요. 당시 중국은 한나라가 지배하고 있었는데, 한나라는 중앙에 황제가 있었지만 지방은 제후들이 다스리고 있었어요. 황제였던 무제는 어떻게 하면 신하들과 백성들이 자기 말을 잘 들을까? 늘 그것이 고민이었어요. 그때 동중서란 유학자가 나타났어요.

동중서는 황제에게 유학을 통치 이념으로 받아들이면 백성을 잘 다스릴 수 있을 거라고 충고했어요. 핵심은 충효 사상이었지요.

충효 사상은 황제의 입맛에 딱 맞는 내용이었어요. 황제는 동중서의 건의를 받아들여 유학을 국교로 삼고 유학 이외의 다른 학문은 금지해 버렸어요.

흠! 자식이 부모를 모시듯 신하는 임금인 나를 떠받들어야 한다 이거지? 좋아 좋아.

이 대목에서 종교들의 공통점을 발견할 수 있어요. **역사적으로 국가가 특정 종교를 받아들일 때에는 모두 왕권 강화가 주된 목적이었다는 것이죠.** 로마가 기독교를 받아들이고 중국과 신라가 불교를 받아들인 것도 그렇고요.

어쨌든 한 무제는 유학을 받아들인 후 황제권 강화에 박차를 가했어요. 제후가 다스리던 지방도 직접 관리를 파견해 다스리게 했고요.

이때부터 유학은 2천 년간 중국 왕조의 통치 이념이자 중국인의 생활과 정신에 영향을 준 사상이 되었어요. 또한 유교는 도교, 불교와 더불어 중국, 한국, 일본에 가장 큰 영향을 준 종교가 되지요.

반면 도무지 유교는 종교 같지가 않다, 차라리 학문이 아니냐? 라고 말하는 사람도 있어요. 실제로 유교는 유학으로도 불려요. 그도 그럴 것이 유교에서는 죽은 뒤의 세계나 신에 대해서는 관심이 없어요. 유교를 창시한 공자와 제자의 대화 속에도 이런 점이 잘 나타나 있어요.

"스승님, 귀신을 섬기는 것에 대해 말씀해 주세요."
"사람을 섬기는 것도 잘 모르는데 귀신 섬기는 일을 어떻게 알겠느냐?"
"그럼 죽음은 무엇인가요?"
"사는 것도 모르는데 죽는 것을 어찌 알겠느냐?"

유교는 세상에서 가장 현실적인 종교예요. 유교가 중요하게 생각하는 것은 지금 세상에서 살아가는 방법이에요. 나라에 충성하고 부모에 효도하고, 사람들에게 예의를 지키는 것이 중요하다고 믿는 종교지요.

chapter V

종교들, 이렇게 전파되다.

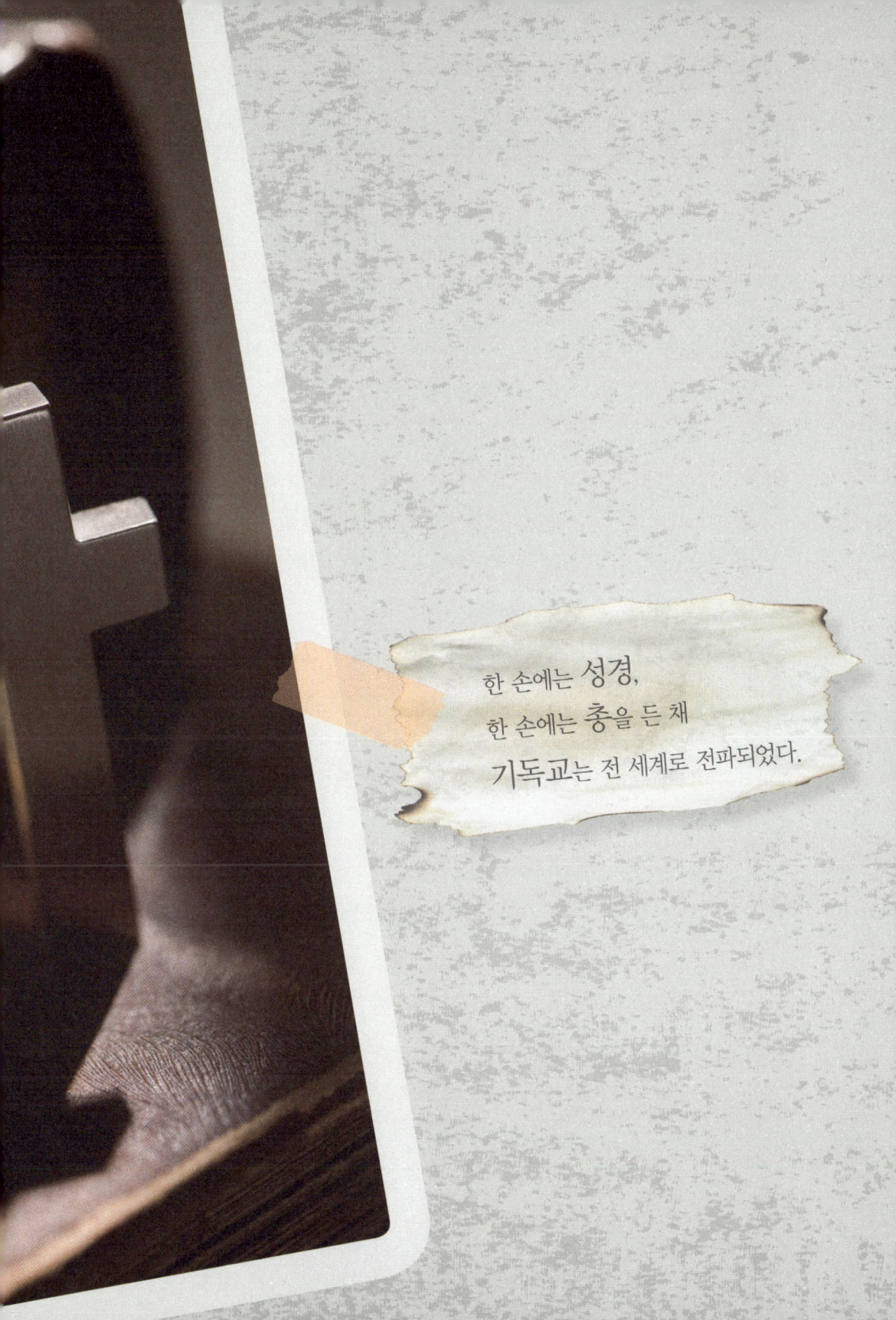

한 손에는 **성경**,
한 손에는 **총**을 든 채
기독교는 전 세계로 전파되었다.

기독교, 유럽을 흡수하다

로마 제국의 국경 너머에는 게르만족이 살고 있었어요. 로마인들은 그들을 바바리안(야만인)이라 부르며 멸시했지요. 중국인들이 만리장성 너머의 이민족들(우리 민족을 포함해서)을 오랑캐라 부르듯 말이에요.

그런데 그런 게르만족이 476년에 서로마를 멸망시켰어요. 그동안 로마 정부의 보호를 받고 있던 기독교는 바짝 긴장했죠. 최대의 위기를 맞았으니까요. 하지만 결과는 의외였어요. 게르만족이 순순히 로마의 문화와 기독교를 받아들였거든요. 로마보다 강력한 군대를 보유했을지 모르지만 문화적 수준은 매우 낮았던 자신들의 처지를 인정한 거죠.

로마는 우리 게르만 민족보다 문화가 우수해.

사실, 게르만족도 기독교를 믿기는 했어요. 다만 로마의 기독교와 달리 삼위일체를 믿지 않는 기독교였지요. 하지만 이때부터 게르만족은 로마 카톨릭, 즉 로마의 기독교로 개종을 하게 돼요. 삼위일체를 믿기 시작했다는 뜻이지요.

유럽의 새 주인이 된 게르만족은 5세기, 중부 유럽에 프랑크라는 큰 왕국을 세웠어요. 이때 생겨난 나라가 오늘날의 프랑스, 이탈리아, 독일이에요. 또 이때부터 유럽의 무게 중심은 남쪽의 지중해에서 중부로 이동하게 되지요. 즉, 게르만족 덕분에 기독교는 오히려 북쪽으로 세력을 넓힐 수 있었어요. 로마의 지배를 받을 때에도 기독교를 받아들이지 않던 영국도 6세기부터 기독교를 받아들이게 되었고요.

하지만 기독교의 확장은 한동안 유럽 안에서만 이루어졌어요.

"어딜 넘어 오려고? 여기서부터는 우리 땅이라고."

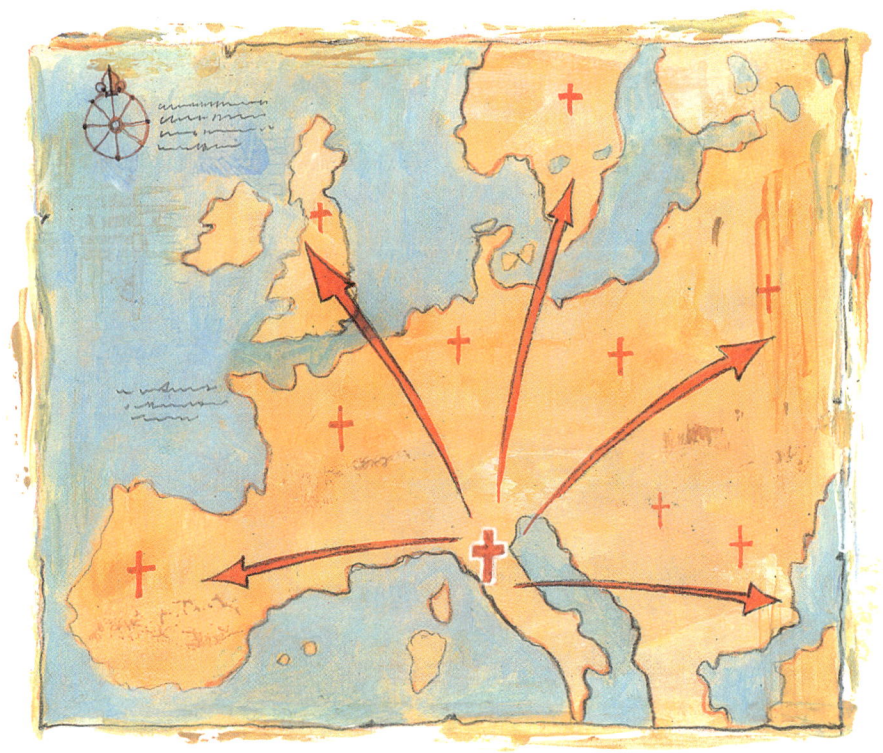

† 게르만족이 기독교를 믿기 시작하면서 유럽의 무게 중심은 북쪽으로 확장되었다.

7세기, 중동에는 이미 이슬람교를 받아들인 사라센 제국이 버티고 있었어요. 프랑크 왕국도, 홀로 남은 동로마도 어떻게 할 수 없는 강력한 제국이었지요. 유럽이 주춤하자 오히려 이슬람은 유럽 쪽으로 치고 들어와 세력을 넓혔어요. 그 결과 북아프리카와 유럽의 스페인이 이슬람 세력권으로 흡수가 되지요. 현재 북아프리카의 리비아, 수단과 스페인에 이슬람 신자가 많은 이유예요.

11세기, 기독교와 이슬람은 결국 충돌하게 돼요. 그것이 십자군 전쟁이에요. 하지만 기독교는 별 소득 없이 물러나야 했지요. **이후 기독교는 이슬람에 길이 막혀 오랫동안 유럽에서만 머무르다가 1492년, 콜럼버스가 신대륙을 발견하면서부터 좁은 유럽을 벗어나 전 세계로 뻗어갈 절호의 기회를 얻게 되지요.**

신대륙 발견과 기독교 전파

콜럼버스가 처음 발견한 땅은 현재 쿠바 북동쪽에 있는 바하마라는 섬이었어요. 콜럼버스는 이곳이 인도 서쪽에 있는 섬이라 굳게 믿었지요. 원래 그의 목적지가 인도였기 때문이에요. 인도는 모든 유럽인들이 군침을 흘리는 향료가 생산되는 곳이었어요. 콜럼버스는 자기가 발견한 섬에 떡 하니 이름까지 붙여 주었어요. '서인도 제도'라고 말이에요. 제도란, 다도해처럼 섬들이 몰려 있는 곳을 말해요.

하지만 실망스럽게도 그곳에서는 그 어떤 향료도 발견되지 않았어요. 그러나 실망은 곧 환희로 바뀌게 돼요. 향료보다 더욱 값진 금이 있었거든요. 이후, 스페인은 배에 군대를 태워 신대륙으로 보냈어요. 금을 가져가려고요. 그런데 배에는 선교사도 함께 타고 있었어요.

군인들이 원주민을 위협해 금을 빼앗는 동안 선교사들은 선교 활동에 열을 올렸어요. 말이 좋아 선교지 협박이나 다름없었지요. 기독교를 거부한 원주민들은 죄다 목숨을 잃어야 했으니까요. 원주민들에게는 오랫동안 믿어 온 그들만의 종교와 신들이 있었어요. 하지만 선교사

† 대항해 시대, 서구 열강은 '사랑'의 종교인 기독교를 침략의 무기이자 정복의 명분으로 삼았다. '미개한 사람들'에게 신의 구원을 가져다 준다며 기독교로 개종할 것을 강요하고 듣지 않을 경우 가차없이 살해하는 등 잔혹한 행위를 서슴지 않았다.

들의 눈에는 단지 우상 숭배와 이단일 뿐이었어요. 신전은 불에 타고 기독교로 개종을 거부한 원주민들은 화형에 처하는 등 잔인하게 살해했어요. 기록에 따르면, 당시 2,500만 명이던 원주민이 100년 후에는 100만 명만 남았다고 해요. 당시 상황이 얼마나 잔인하고 끔찍했는지 짐작하게 하는 근거예요.* 더불어 찬란했던 잉카, 아즈텍, 타이노 문명도 이들과 함께 역사 속으로 사라지고 말았답니다.

그로부터 500년이 흐른 2000년 3월 5일, 로마 교황청은 이곳에서 발생했던 끔찍한 기독교 선교에 대해 공식적으로 사과했어요.

인디언 파괴에 대한 간결한 보고

신부이자 수도사인 라스 카사스가 기록한 책으로, 스페인의 침략에 희생된 잉카 제국의 최후와 인디오에 대한 기독교인의 잔혹한 행위가 구체적으로 기록되어 있다.

아무튼 이때부터 **기독교 전파는 식민지 점령, 그리고 선교를 하는 방식을 따르게 돼요.** 스페인의 바통을 이어받은 나라는 영국이었어요. 16세기부터 19세기까지 영국은 세계 영토의 25퍼센트를 식민지로 만든 '해가 지지 않는 나라'였지요. 영국은 무려 60여 국가에 기독교 선교사를 파견했어요.

영국의 기독교는 대단히 독특해요. 당시 유럽의 기독교는 종교 개혁 이후, 로마 카톨릭(천주교)과 개신교로 나누어져 있었어요. 하지만 영국은 카톨릭도 개신교도 아닌 '성공회'가 주를 이루고 있었지요.

성공회는 형식은 카톨릭과 닮았지만 교황이 아니라 영국 왕이 교회를 지배하는 형태였어요. 사정이 이렇다 보니 영국의 신교도(개신교)들은 제대로 뿌리내릴 수가 없었어요. 결국 그들은 성공회의 괴롭힘을 피해 영국을 떠나 종교의 자유가 있는 땅으로 가기로 결심해요.

1620년, 포도주 운반선 메이플라워호가 미국 동부의 작은 해안에 도착했어요. 그 배에는 102명의 신교도들이 타고 있었지요. 종교의 자유는 찾았지만 또 다른 지배를 받게 되었어요. 당시 미국은 영국의 식민지였거든요. 그들은 정치의 자유를 위해 영국과 싸우기 시작해요. 결국 1783년, 미국은 독립에 성공하게 되고요. 그래서 **미국 역사에서 개신교는 대단히 중요해요. 미국 역사의 출발점이자 미국인의 정신이거든요. 실제로 미국은 아메리카 대륙에서 개신교 신자가 가장 많은 유일한 국가예요.**

조총과 기독교 전파

서양의 기독교는 아시아까지 진출해요. 12세기, 몽고족이 지배하던 원나라 시대에는 로마 교황의 친서가 직접 전달되기도 했어요. 하지만 기독교에 관심을 보인 것은 주로 몽고족이었어요. 한족은 여전히 유교와 도교, 불교를 믿고 있었지요. 그나마도 한족이 몽고족을 몰아내고 명을 세운 후부터는 더욱 어려워졌어요. 15세기부터 중국인들은 나라의 문을 꼭꼭 잠가 버렸거든요.

"똑똑, 할렐루야! 중국님, 문 좀 열어 주세요."
"싫어, 저리 가, 안 그러면 다친다!"

이때 중국은 신대륙의 힘없는 원주민들과는 달랐어요. 유럽을 능가하는 문화 수준과 세계 최강의 군대를 보유한 강대국이었죠. 별 수 없이 선교사들은 일본으로 눈을 돌렸어요. 당시 일본은 포르투갈, 네덜란드와 활발히 무역을 하고 있었어요. 이때 일본이 포르투갈 상인들로부터 잔뜩 사들인 것이 조총이었어요. 이 조총과 함께 들어온 것이 기독교였고요. 일본에서 본격적으로 기독교 신자가 늘어난 것도 이때예요. 몇 년 후, 일본은 이 조총을 들고 조선을 침공하게 되는데, 이것이 임진왜란이에요.

당시 일본군의 선봉대장은 고니시 유키나가와 가토오 기요마사, 이 두 명이었어요. 고니시 유키나가는 기독교 신자, 가토오 기요마사는 불교 신자였지요. 고니시 유키나가는 기독교 신자답게 십자가가 그려진 깃발을, 가토오 기요마사는 불교를 상징하는 묘법연화경 깃발을 각각 들고 조선을 짓밟고 다녔어요.

하지만 임진왜란이 끝나자 일본 정부는 기독교를 금지했어요. 두 가지 이유 때문이었어요.

"국민들이 하느님만 찾으면 천황을 무시할 거야. 그럼 통제하기 힘들지."

"선교사 놈들, 서양의 첩자일지 몰라. 나중에 서양 군대가 쳐들어오면 곤란해."

일본의 기독교 탄압은 무자비했어요. 기독교 신자를 모아 놓고 예수의 그림 위를 밟고 지나게 했어요. 이를 거부한 사람은 기독교 신자로 의심해 모두 죽여 버렸지요. 이것을 '후미에(그림을 밟다) 사건'이라고 해요. 이에 기독교 신자들은 크게 반발해 1637년에 반란을 일으켰어요. 하지만 일본 정부는 반란군 3만 명을 모두 처형해 버려요. '이래도 믿을래?'라는 단호한 의지를 보여준 것이지요.

그 결과 일본의 기독교는 크게 힘을 잃고 말아요. 자칫하면 목숨을 내놓아야 하는 공포의 대상이 되어 버렸으니까요. 그 때문일까요? 오늘날 기독교를 믿는 일본인은 전체 인구의 1퍼센트밖에 안 돼요. 지구상에서 기독교 신자 비율이 가장 낮은 국가들 중 하나지요.

아편 전쟁과 기독교 전파

19세기, 중국의 청나라와 무역을 하던 영국은 매우 기분이 안 좋았어요. 심각한 무역 적자 때문이었지요. 영국이 수출한 의류는 중국에서 잘 안 팔렸지만, 중국에서 수입한 비단과 차는 영국에서 매우 인기가 높았어요. 그러다 보니 많은 양의 은이 중국으로 흘러 들어갔지요. 고민하던 영국은 무역 적자를 만회하기 위해 새로운 방법을 생각해 내요.

"아편을 만들어 팔까? 좀 치사하긴 하지만……."
"장사에 치사한 게 어딨어? 돈만 벌면 그만이지."

아편이 뭐냐고요? 양귀비꽃을 원료로 만든 옛날 마약이에요. **영국인들은 당시 식민지였던 인도에 거대한 양귀비 밭을 만들어 생산한 아편을 중국에 팔았어요.** 엄청난 아편이 중국으로 들어와 비싼 값에 팔리자 중국은 당황했지요. 돈도 돈이지만 국민들 건강이 급격히 나빠지고 있었으니까요. 이에 중국 정부는 영국 상인의 아편을 몰수해 버렸어요.

그러자 영국은 기다렸다는 듯이 전쟁을 시작했지요. 바로 아편 전쟁*이에요. 중국인들은 억울했겠지만 영국의 반응은 이랬어요.

"중국에 파는 아편은 영국 귀족이 마시는 위스키와 같습니다."

게다가 이미 중국은 과거 유럽인들이 감히 어쩌지 못했던 그 강대한 나라가 아니었어요. 하지만 유럽은 18세기, 산업 혁명을 계기로 국력이 커질 대로 커져 있었지요. 신식 무기를 갖춘 영국군에 프랑스군까지 거들자 중국은 당해낼 수가 없었어요. 전쟁에서 패한 중국은 승자인 유럽의 요구를 들어줄 수밖에 없는 처량한 신세가 되고 말아요. 홍콩도 빼앗기고 항구 5개를 개방해야 했지요. 드디어 선교사들이 들어올 수 있는 길이 뚫린 거예요. 비록 항구 도시에서만 선교를 한다는 조건이었지만요.

16년 후, 중국은 다시 한 번 유럽 국가와의 전쟁에서 크게 패해요. 그 결과 서양의 선교사들은 중국 본토까지 들어와 마음 놓고 선교를 할 수 있게 되었지요. 그러나 중국에서의 선교는 여전히 쉽지가 않았어요. 계속된 서양과의 전쟁으로 중국인들은 서양과 기독교를 미워하고 있었거든요. 심지어 기독교를 몰아내자는 반란까지 일어났어요.

아편 전쟁

1840년에 아편 문제를 둘러싸고 청나라와 영국 사이에 일어난 전쟁이다. 1842년에 청나라가 패함으로써 중국은 영국과 난징 조약을 맺게 된다. 난징 조약의 주요 내용은 홍콩을 영국에 넘기고, 광저우, 상하이 등 5개 항구를 개방하며 영국에 배상금을 지급하라는 것이었다. 이 조약으로 중국은 서구 열강의 반식민지 상태로 접어들게 된다.

결정적인 것은 1949년에 중국에 공산당 정권이 들어선 일이었어요. 중국 공산당은 기독교는 물론 전통적인 종교인 유교, 불교, 도교마저 탄압했어요. 기독교 선교사는 체포되고, 불경과 사찰, 교회는 파괴되었지요.

우리나라에 기독교가 전해진 것은 18세기였어요. 중국 청나라에 유학갔던 사신들이 서양 선교사들을 만나 성경과 서양 문물을 얻어 귀국하면서 전해지게 되지요. 당시 조선인들은 이것을 천주학이라고 했어요. 그러나 정조 이후, 천주교는 심한 박해를 받게 되고 수많은 순교자가 발생하게 돼요.

이렇게 **기독교**는 아시아에서는 쉽게 자리를 잡지 못했어요. 그 이유는 무엇일까요? 우선 제사를 중시하는 전통적인 유교 문화와의 충돌이었어요. 또 엄격한 신분제였던 아시아 국가에 인간은 평등하다는 기독교의 주장은 지배층을 자극했지요. 세상의 주인은 하느님뿐이라는 교리 또한 중국의 황제, 조선의 국왕, 일본의 천황으로서는 자신들의 권위에 도전하는 것으로 받아들이게 했고요.

조선의 천주교 탄압

17세기 후반, 조선에 천주교가 들어왔을 때만 해도 조선의 지배층은 대수롭지 않게 생각했어요. 조선에 천주교를 전한 이들이 파란 눈을 가진 서양 선교사가 아니라 바로 조선인들이었기 때문이죠. 청나라에 사신이나 유학생으로 갔던 조선인이 서양의 과학 기술과 학문을 기록한 책들을 들여왔는데, 거기에 천주교 서적도 들어 있었어요. 그래서 천주교를 서학(서양 학문)의 하나쯤으로 여겼어요. 부르는 이름도 천주교가 아닌 천주학이었고요.

그런데 1784년, 스물일곱 살의 이승훈이 북경에 가서 세례를 받고 돌아와 최초로 천주교회를 설립하는 일이 일어났어요. 지금껏 천주교에 무심했던 조선은 바짝 긴장하면서 천주교를 주목하기 시작하지요. 그러다가 1788년에는 아예 사교(사악한 종교)로 규정하고 금지시켜 버려요. 그 이유는 바로 천주교의 교리와 유교 사상과의 충돌이었어요. 조선은 예절, 그 중에서도 특히 제사를 중요하게 여기는 유교 국가였어요. 그런 나라에서 제사 때 조상에게 절하는 것을 우상 숭배라며 꺼렸거든요. 거기에다 1791년, 전라도 진산에 살던 양반이자 천주교 신자인 윤지충이 어머니의 장례식에서 신주(죽은 사람의 위패)를 불태우고 천주교 식으로 장례를 치른 사건이 일어났어요. 그 소식을 들은 유학자들은 크게 노했고, 결국 윤지충은 사형을 당했어요. 이것이 천주교 4대 박해 중 첫 번째인 신해박해예요.

이 사건으로 천주교에 호감을 갖고 있던 많은 양반들까지 마음을 돌리고 말아요. 하지만 천주교가 탄압 받았던 진짜 이유는 따로 있었어요. 천주교가 비록 제사를 부정했어도 천주교 신자는 계속 늘고 있었거든요. 그들 대부분은 하층민과 여자, 권력 다툼에서 밀려난 양반들이었어요. 천주교는 하느님 앞에서 인간은 평등하며 하느님을 열심히 믿으면 죽어서 천국으로 간다고 가르쳤어요. 권력에서 밀려난 사람들, 계급이 낮은 사람들, 차별 받은 여성들에게 이 교리는 대단히 희망적이고 매력적으로 들렸어요. 반대로 돈 있고 권력을 쥐고 있던 양반들은 이런 천주교가 너무나 마음에 안 들었지요.

"인간이 평등하다고? 참나, 그럼 마당 쓸고 있는 저 돌쇠 놈과 내가 똑같단 말이야?"

그들에게 천주교는 대단히 위험한 종교였어요. 조선은 엄연히 신분이 구분되는 엄격한 계급 사회였으니까요. 또한 자신의 정치적 라이벌인 양반들이 천주교 신자일 경우에는 천주교를 공격하는 것이 백번 타당하고 유리했어요. 이런 이유들로 천주교는 신해박해 이후 약 100년간 총 4번의 박해를 당해요.

그렇다고 100년 내내 천주교를 박해한 것은 아니에요. 천주교를 탄압하는 세력들은 왕이 바뀔 때마다 연례행사처럼 천주교를 탄압했다가 슬그머니 내버려두곤 했어요. 그리고 새로운 왕이 등극하면 또 천주교를 두들겨 패고 풀어주는 패턴을 반복했지요. 쉽게 말해 자신들의 정권을 유지하기 위해 적절하게 천주교 탄압을 써먹은 거예요. 하지만 1849년 이후에는 뜸해졌어요. 새로운 왕인 철종이 천주교를 너그럽게 대했거든요. 이를 틈타 프랑스 신부 10명이 조선에 들어오고, 신자 수도 빠르게 늘어 약 2만 3천 명에 이르게 돼요.

그런데 1860년, 러시아가 슬금슬금 남쪽으로 내려오면서 상황은 급변해요. 1860년에 러시아는 청나라와 베이징 조약을 맺어 두만강 북쪽의 땅을 차지해요. 기세등등한 러시아는 조선을 향해 이빨을 드러내며 나라의 문을 열라고 강요해요. 당시 정권을 쥐고 있던 흥선 대원군은 조선에 와 있던 프랑스 신부들을 은밀히 만났어요. 프랑스를 이용해 러시아를 물리치려고 했던 거죠.

그런데 이 사실이 곧 양반들과 유생들의 귀에 들어갔어요. 노발대발한 양반과 유생들은 대원군에게 우르르 몰려가 천주교인을 모두 죽이라고 요구해요. 이제 대원군도 어쩔 수 없었어요. 그가 아무리 정권을 잡고 있다고 해도 조선은 뼛속까지 유학의 나라예요. 대원군으로서도 유생들의 힘은 무시할 수 없었지요. 만일 거절하면 자신의 자리까지 위험해질 수 있었으니까요. 결국 대원군은 프랑스 신부 9명과 1만 명에 가까운 천주교인들을 사형시켜 버려요. 이것이 바로 천주교 사상 가장 규모가 큰 박해인 병인박해예요.

이렇게 시련을 겪은 천주교는 마침내 1886년, 조선이 프랑스와 수호조약을 맺으면서 인정을 받아요. 그리고 천주교는 동양에서의 자신들의 선교 방식에 문제가 있음을 깨닫게 되지요. 그때까지 천주교가 했던 선교는 동양에 깊이 뿌리를 박고 있던 전통 종교와 문화를 뽑아내고 그 자리에 자신의 종교를 심는 방식이었어요. 그 과정에서 심한 반발과 충돌이 있었고, 그 결과가 박해로 나타난 것이죠.

1935년, 교황 비오 11세는 공자를 존경하며 동양의 제사는 우상 숭배가 아니라는 칙서를 발표했어요. 다음 해인 1936년에는 일본의 신사 참배까지 허용했고요. 다른 나라의 문화와 종교를 인정하지 않고서는 자신들도 그 땅에 뿌리내릴 수 없음을 인정한 거예요.

종이와 이슬람교의 전파

기독교가 유럽에 갇혀 있는 동안, 이슬람교는 빠르게 동쪽으로 세력을 넓혀 갔어요. 실크로드를 통해 쭉쭉 뻗어가던 이슬람은 아시아에서 세력을 떨치며 중앙아시아까지 진출한 중국과 맞닥뜨리게 되지요. 피할 수 없는 전투가 시작된 거예요.

751년, 현재 카자흐스탄의 강가에서 이슬람 연합군 30만과 당나라 7만 군대간의 전투*가 일어났어요. 당시 당나라 군대를 지휘한 장수는

탈라스 전투

중국은 중국과 중동, 지중해 연안을 연결하는 실크로드를 지배하기 위해 당나라 태종 때 중앙아시아까지 진출했다. 그 과정에서 750년, 고선지가 이끄는 중국 군이 타슈겐트를 점령하고 투르크인 군주를 처형했는데, 군주의 아들이 아랍인에게 도움을 청했다. 역시 중앙아시아로 세력을 넓히던 이슬람화한 아랍인은 중국 영토로 진격했으며 오늘날 카자흐스탄에 있는 탈라스 강에서 고선지의 군대와 맞닥뜨리게 된다. 이 전투에서 고선지 장군은 수적 열세에 밀려 패했고, 이로써 이슬람은 중앙아시아의 지배적인 종교로 자리 잡게 되었다.

고구려 유민의 후손인 고선지 장군이었어요. 고선지 장군은 잘 싸웠지만 워낙 수적으로 밀리다 보니 패하고 말았지요.

승리한 이슬람은 수많은 당나라 군을 포로로 잡았어요. 그들을 심문하던 이슬람인들은 놀라운 사실을 알게 되지요.

"야, 당나라 포로, 넌 당나라에서 무슨 일 했어?"
"종이 만들다 왔는뎁쇼."
"뭣이? 그게 정말이냐?"

중국은 세계 최초로 종이를 발명한 나라예요. 당시 서양의 종이는 기껏해야 양 가죽이나 갈대의 일종인 파피루스를 말린 것이 전부였어요. 이렇게 중국의 종이 기술은 당나라 포로들에 의해 최초로 이슬람

세계에 전해지고, 다시 유럽으로 넘어가요. 대신 중국에는 이슬람교가 전해지게 되었지요.

당나라를 격파한 이슬람 세력은 200년 후, 힌두교의 나라 인도마저 침략하여 이슬람교를 전파하는 데 성공해요. 인도 최후의 왕국인 무굴 제국도 이슬람 왕조였고요.

그러나 이로 인해 훗날 인도는 극심한 종교적인 혼란을 겪게 돼요. 토속 종교인 힌두교와 수입된 이슬람교가 서로 다투게 되었으니까요. 그 결과 1947년에 이슬람을 믿는 북서쪽과 북동쪽 지역 일부가 인도에서 뚝 떨어져 나갔어요. 그것이 파키스탄이에요. 하지만 이것이 끝이 아니었어요. 24년 후, 파키스탄 역시 동쪽 지역이 떨어져 나가는 아픔을 겪게 되니까요. 그렇게 생겨난 국가가 방글라데시예요.

동남아시아에도 빠르게 이슬람교가 전해졌어요. 이번에는 전쟁이 아닌 무역이었지요. 인도에서 건너 온 이슬람 상인들이 장사도 하면서 이슬람교를 전했거든요.* 오늘날 동남아시아에서 대표적인 이슬람 국가는 인도네시아와 말레시아예요. **흔히 이슬람 하면 가장 먼저 중동 국가**(중동의 아랍인이 믿는 종교)**들을 떠올리지만, 실제로는 인종과 상관없이 전 세계에 두루 퍼져 있어요. 세계에서 이슬람 신자가 가장 많은 나라는**

이슬람 상인과 이슬람교의 확산

동남아시아에 이슬람교가 확산된 데에는 이슬람 상인의 활약이 크다. 특히 8세기에서 9세기의 이슬람 상인은 아시아, 유럽, 아프리카를 돌면서 활발하게 무역을 했는데, 무역을 위해 세계 각지에 거점을 구축한 것이 아시아 이슬람교의 원조가 되었다. 우리 고려 가요인 〈쌍화점〉에도 이슬람 상인이 등장한다.

중동 국가가 아닌 인도네시아예요. 무려 1억 8천만 명이나 되지요. 2위는 파키스탄, 3위는 인도예요. 놀랍게도 10위 안에 든 중동 국가는 한 곳도 없어요.

한편 중국에 들어온 이슬람인들은 고려에까지 와서 무역을 했어요. 주로 함경북도 예성강 하류인, 벽란도에서였죠. 최초로 이슬람 사원이 세워진 곳도 벽란도와 고려의 수도인 개성이었어요. 훗날 고향으로 돌아간 그들은 고려의 이름을 세계에 알렸어요.

"동쪽에 가보니 코료라는 나라가 있더라."
"코료? 아! 코리아!"

조선으로 왕족이 바뀐 뒤에도 이슬람과의 무역은 이어졌어요. 기록에 의하면 세종대왕이 즉위할 때, 이슬람교인들이 손님으로 참석했다고 해요. 또 매년 새해가 되면 이슬람 외교관들과 만나는 자리에서 코란을 읽었다는 기록도 있고요. 세종대왕이 코란을 읽는 모습이라니, 상상이 잘 안 가죠?

본격적으로 우리나라에 이슬람교가 들어온 것은 한국 전쟁 때에요. 유엔군으로 참전했던 터키 군인들에 의해서였죠. 전쟁이 끝나고 한국 이슬람교 협회가 만들어졌는데, 당시 신자 수는 약 70명이었다고 해요. 현재 우리나라의 이슬람 신자 수는 약 3만 4천 명 정도예요.

chapter VI

왜 기독교와 이슬람은 싸울까?

영국이 한 거짓말 외교 때문에
한뿌리인 유대인과 아랍인은
오늘날까지 계속 대립하고 있다.

기독교와 이슬람교는 견원지간

사이가 좋지 않은 관계를 흔히 견원지간이라고 해요. 개와 원숭이는 만나기만 하면 원수처럼 싸운다는 뜻이에요. 오늘날 기독교와 이슬람교를 견원지간으로 해석하는 사람들이 많아요.

† 이슬람 테러 집단인 알카에다가 일으킨 9·11 테러와 미군의 이라크 침략은 이슬람교와 기독교의 오랜 갈등이 겉으로 드러난 비극적인 사건이다.

실제로 현재 지구 상에서 종교 분쟁이 일어나는 지역에는 기독교와 이슬람교가 있어요. 기독교의 대표적인 지역이 미국과 유럽이라면 이슬람교를 대표하는 지역은 대부분 중동 지역이에요. 현재 이 지역들은 두 종교의 대립으로 몸살을 앓고 있어요.

> ### 2차 걸프전
> 9·11테러가 일어나자 미국은 즉시 이라크와 아프가니스탄을 공격한다. 특히 이라크의 경우, 대량살상무기를 숨기고 있다는 점을 내세워 공격했는데, 실제로는 존재하지 않는다는 것이 확인되었다. 그런데도 이라크 전쟁 발발 후 3년 동안 사망한 이라크 민간인 수는 9·11테러로 사망한 미국인 3천여 명과는 비교도 되지 않는, 약 15만 명이나 되었다.

먼저 미국이에요. 2001년, 이슬람의 테러 집단 알카에다가 세계를 놀라게 한 9·11 테러를 일으키자 발끈한 미국은 즉시 이라크와 아프가니스탄에 보복 공격을 가했어요. 2차 걸프전*이지요. 이미 미국은 1991년에 이라크를 공격해 1차 걸프 전쟁을 치른 적이 있어요.

중동은 지금도 화약 연기가 걷히지 않고 있어요. 최근 20년간 미국은 이라크와 아프가니스탄을 상대로 세 번이나 큰 전쟁을 했어요. 이슬람 무장 단체는 중동에 머무르고 있는 미군 부대와 미국 대사관에 테러를 가하고 있고요.

유럽은 어떨까요? 이슬람 무장 단체는 2004년에는 스페인의 마드리드에서 열차를, 다음 해에는 런던의 지하철을 공격해 각각 119명과 50명의 사망자가 나왔어요.

화가 잔뜩 난 유럽은 즉시 이슬람을 탄압하는 법을 만들었어요. 2009년에 스위스는 이슬람 사원을 지을 때 뾰족한 첨탑을 짓지 못하도록 법으로 금지했어요. 2011년에는 벨기에와 프랑스에서 공공장소에서는 모슬렘 여성들이 입는 니캅(눈을 제외한 얼굴 전체를 덮는 일종의 얼굴 가리개)과 부르카(전신을 가리는 모슬렘 여성의 전통 의상) 착용을 금지*하는 법을 통과시켰고요. 뒤를 이어 스페인과 네덜란드도 똑같은 법을 준

비 중이에요. 현재 유럽 인구 중 모슬렘의 비율은 약 20퍼센트랍니다.

그럼 이슬람 신자가 0.1퍼센트도 되지 않는 한국은 어떨까요? 다행히 중동이나 유럽처럼 끔찍한 사건은 한 번도 일어나지 않았어요. 하지만 이슬람교를 바라보는 한국 개신교의 시선은 매우 차가워요. 2011년, 정부는 수쿠크 법을 만들려고 했어요. 수쿠크 법이 뭐냐고요? 우리 기업들은 늘 돈이 필요해요. 그 돈을 석유를 팔아서 큰돈을 움켜쥔 중동의 부자들에게서 빌리도록 한 법이지요. 하지만 개신교 단체는 즉각 반발했어요. 결국 수쿠크 법은 만들어지지 못했어요.

유럽에서의 이슬람 여성의 수난

벨기에, 스위스, 이탈리아, 프랑스 등 서유럽 여러 나라들이 이슬람 여성의 전통 의상인 부르카 착용을 금지하는 법안을 제정했거나 입법화를 추진하고 있다. 이를 어길 경우 벌금을 물고 구류까지 가능하게 했다. 부르카 금지는 기독교 문화와 이슬람 문화간의 오랜 갈등의 역사가 표출된 것으로, 여성 인권, 표현의 자유, 이슬람 탄압 등 다양한 쟁점이 중첩되어 있다. 그러나 무엇보다도 일반 대중들에게 반이슬람 정서를 확산시킨다는 점에서 우려하는 목소리가 높다.

수쿠크 법

2011년 봄, 우리 정부는 수쿠크 법을 만들려고 했어요. 수쿠크 법이란 중동의 돈을 우리 기업들이 빌려 쓸 수 있도록 하는 법이에요. 그동안은 그렇지 못했거든요. 하지만 이 소식을 들은 일부 개신교 단체는 크게 반발했어요. 그들이 반대하는 이유는 크게 두 가지였어요.

"이 법은 이슬람인들의 세금을 줄여 주거나 아예 없다. 너무 특혜다."
"우리 국민에게서 벌어들인 돈이 이슬람 테러 단체로 들어가게 된다."

그럼 먼저 수쿠크 법이 무엇인지부터 알아볼까요?
중동에 사는 알리 씨는 석유를 팔아서 큰 부자가 되었어요. 이 소식을 들은 미래가 돈을 빌리러 왔어요. 알리 씨는 난처했어요. 이슬람의 경전 코란 때문이에요. 코란은 돈을 빌려 주고 이자를 받는 것을 금해요. 발각되면 막대한 벌금을 물어야 하지요. 알리 씨는 몹시 답답했어요. 주머니에 돈은 넘치는데 가만히 두는 것은 억울했어요. 그렇다고 이자를 안 받고 빌려 줄 수는 없잖아요? 이때, 좋은 생각이 떠올랐어요.
알리 씨는 미래의 아파트를 100원에 샀어요. 단, 샀다가 1년 후에 다시 100원에 파는 조건으로요. 그럼 100원을 미래에게 빌려

준 것과 같죠? 돈을 주고 샀으니 코란을 어긴 것도 아니고요. 그리고 1년이 흘렀어요. 약속대로 미래가 아파트를 다시 사러 왔어요. 다시 말해 빌린 100원을 갚는 거죠. 이것이 이슬람 국가에서 돈을 빌려 주는 방법이에요. 상당히 번거롭고 귀찮죠?

게다가 여기에는 한 가지 문제가 있어요. 바로 세금이에요. 아파트 같은 건물을 사고파는 사람은 국가에 세금을 내야 해요. 사는 사람은 대략 4퍼센트(취득세, 등록세)를, 파는 사람은 대략 20퍼센트(양도세)를 내지요. 그런데 미래와 알리 씨는 샀다 팔았다를 두 번 하잖아요? 즉 세금을 두 번이나 내야 하는 거예요. 빌리는 사람이나, 빌려 주는 사람 모두 부담스러워요. 그래서 중동 부자들은 다른 나라에 선뜻 돈을 빌려 주지 않아요. 빌려 주고 받는 이자보다 내야 될 세금이 더 많아 손해를 보니까요.

그래서 중동 부자들의 돈이 필요한 나라들은 서둘러 법을 고쳐 세금을 줄이거나 없앴어요. 이것이 '수쿠크 법'이에요. 영국과 싱가포르, 아일랜드, 심지어 미국도 실제적으로 이 법을 실시하고 있고, 일본도 현재 준비 중이에요.

따라서 세금 때문에 이슬람인들이 특혜를 본다는 주장은 사실이 아니에요. 세금을 깎아 줘도 보통 우리 국민들이 내는 세금 수준과 비슷하거든요. 또 이렇게 벌어들인 돈이 이슬람 무장 단체로 흘러간다는 주장도 전문가들은 설득력이 없다고 잘라서 말해요. 테러에 쓰일지 모르니 중동에서 석유를 수입하지 말자는 주장과 다르지 않기 때문이죠.

지킬 수 없는 약속을 한 영국

제1차 세계 대전이 한참이던 어느 날, 영국은 은밀히 팔레스타인에 사는 아랍인들을 만났어요. 팔레스타인은 지중해 동쪽의 중동 지역을 말해요. 영국은 다음과 같이 말했어요.

"우리가 전쟁 중이거든. 그래서 말인데 너희가 좀 도와주면 너희를 독립시켜 줄게."
"정말입니까?"

당시 중동은 오스만 튀르크의 지배를 받고 있었어요. 그런데 영국의 전쟁 상대가 바로 독일과 오스트리아, 오스만 튀르크였어요. 하지만 영국은 중동의 오스만 튀르크까지 상대하고 싶지 않았어요. 유럽에서 독일을 상대하는 것도 벅찼거든요. 그래서 **영국은 오스만 튀르크로부터 독립하려는 팔레스타인의 아랍인들에게 오스만 튀르크를 상대로 싸워 주면 독립시켜 준다고 약속한 거예요.**

하지만 아랍인들은 알지 못했어요. 2년 후 영국이 유대인들까지 만났다는 사실을요. 영국은 유대인에게도 똑같은 약속을 했어요.

"도와줘, 그럼 나라 세우는 것을 도와줄게. 너희들 평소에 나라 갖고 싶어 했잖아?"
"알겠습니다."

2천 년간 나라를 잃고 떠돌던 유대인들의 꿈은 나라를 세우는 것이었어요. 이후, 전쟁은 연합군의 승리로 끝이 났어요. 문제는 이때부터였어요. 영국의 약속을 믿은 아랍인과 유대인이 팔레스타인에 자기들 나라를 세우려 하다가 딱 마주친 거예요.

"유대인, 너희들 뭐냐? 우린 영국이 독립시켜 준다고 약속했어."

"흥, 우리한테도 약속했거든!"

비로소 아랍인들은 속았다는 것을 알았어요. 하지만 유대인도 이 땅을 포기할 수 없었어요. 그 옛날 야훼가 아브라함에게 선물로 준 가나안 땅이 바로 팔레스타인이었거든요. **아랍인들은 영국에게 달려가 하소연했지만, 이제 아쉬울 것 없는 영국은 슬며시 발을 뺐어요. 결국 이 문제는 국제 연합(UN)의 손으로 넘어가게 돼요.** 정확하게는 국제 연합의 리더인 미국이 칼자루를 쥐게 되었지요.

이스라엘 건국과 석유

1947년, 드디어 국제 연합은 다음과 같은 결정을 내렸어요.

"이 지역을 둘로 나누겠습니다. 한 쪽은 아랍인, 한 쪽은 유대인이 나라를 세우세요."

유대인은 대단히 만족스러웠지만 아랍인들은 길길이 날뛰었어요. 여기에는 이유가 있었어요. 원래 이 땅을 개척하고 가꾼 토박이는 아랍인들이었거든요. 제1차 세계 대전 당시, 이 지역의 총 인구는 70만이었는데, 아랍인이 64만 명, 유대인은 6만 명에 불과했어요. 분할이 결정되었을 때에는 아랍인이 144만 명, 유대인은 76만 명이었어요. 유대인 소유의 토지는 7퍼센트밖에 안 되었고요.

그런데 국제 연합은 유대인들에게 57퍼센트의 땅을 뚝 떼어 주었어요. 이 땅에는 곡창 지대의 80퍼센트, 공업 지대의 40퍼센트도 들어 있었어요. 누가 봐도 불공평한 결정이었지요. 이후 유대인들은 버티고 있

는 아랍인들을 내쫓고 1948년에 마침내 이스라엘을 건국했어요.

그 모습을 본 역사학자 토인비는 다음과 같이 말했어요.

"이스라엘을 세운 유대인은 식민지 지배자다!"

이 소식을 들은 아랍 국가들도 같이 분노했어요. 원래 이슬람인들은 민족과 국가가 달라도 모두 형제라고 생각해요. 이집트를 포함하여 7개 국은 팔레스타인을 도와 이스라엘을 중동에서 몰아내기로 결정했어요. 그래서 일어난 것이 '중동 전쟁(팔레스타인 전쟁)'이에요.

하지만 최후의 승자는 이스라엘이었어요. 전쟁 기간 동안 미국이 막

대한 군수품을 지원해 주었거든요. 그 결과 57퍼센트였던 이스라엘의 영토는 80퍼센트까지 넓어졌지만, 땅을 빼앗긴 아랍인들은 살 곳을 잃고 뿔뿔이 다른 나라로 흩어져야 했어요. 이것이 팔레스타인 난민이에요.

아랍인들의 분노는 하늘을 찔렀어요. 처음에는 굴러 들어온 유대인이 미웠지만, 시간이 흐르면서 유대인을 노골적으로 돕는 미국과 애초에 모든 원인을 제공한 유럽까지 미워진 거예요.

그런데다 아랍인들을 자극한 일이 또 일어나고 말아요. 앞에서 아랍 지역이 오스만 튀르크의 식민지였다고 했잖아요. 전쟁에서 패배한 나라는 삼켰던 식민지를 토해 내는 관례가 있어요. 일본이 패망하면서 우리나라가 자연스럽게 독립한 것처럼요. **오스만 튀르크가 연합군에 패배하자 아랍 국가들도 독립을 했지요. 하지만 무늬만 독립이었어요. 영국과 프랑스가 군대를 보내 이 지역을 다스리기 시작했거든요. 그 이유는 이 땅에서 뿜어져 나오는 풍부한 석유 때문이었어요.**

영국, 프랑스는 사막 곳곳에 구멍을 뚫고 원하는 만큼 석유를 뽑아 갔어요. 그러자 미국도 뒤질세라 뛰어들었지요. 특히 미국은 이란에서 석유를 안전하게 확보하기 위해 자신들의 말을 잘 듣는 꼭두각시 왕조를 세우기도 했어요. 결국 아랍 국가들은 1960년이 되어서야 비로소 독립을 하게 되지요.

이슬람인들은 서서히 이를 갈기 시작했어요. 그들이 분노한 대상은 기독교가 아니었어요. 자신들의 땅에 들어와 이러쿵저러쿵 참견하는 미국과 유럽이었어요. 이슬람인들은 맞서 싸우기로 결심하고 무기를 꺼내 들고 단체를 만들어 전쟁을 선포했어요. 이것이 아랍어로 '지하드(성전)'예요.

이슬람 원리주의 vs 기독교 근본주의

처음으로 지하드란 말이 등장한 것은 십자군 전쟁 때였어요. 유럽의 십자군이 자신들의 땅에 쳐들어오자 이를 물리치는 과정에서 이 단어를 사용했죠. 즉, 지하드란 우리 집에서 싸우는 방어적인 전투를 뜻해요. 조선 시대 임진왜란이 일어나자 왜군을 물리치기 위해 전국에서 조직된 의병들처럼 말이에요.

900년 후, 이슬람인들이 다시 지하드를 선언한 것도 이런 의미였어요. 힘센 서양 국가들이 중동에 들어와 이러쿵저러쿵 간섭하는 것에 맞서 스스로를 지키자는 뜻이었지요. 하지만 방어적이던 지하드의 의미는 시간이 흐를수록 점점 과격해졌어요. '지키자!'에서 '공격하자!'로 변한 거예요. 그 중심에 있던 것이 이슬람 원리주의예요.

원리주의가 뭐냐고요? 처음 이슬람이 탄생했던 때로 돌아가자는 주장이에요. 언뜻 순수한 종교 운동처럼 보이지만 부담스러운 내용들이 많아요. 20세기를 살고 있는 사람들에게 1,300년 전의 삶을 강요하니까요. 마치 한국인에게 삼국 시대의 법을 지키라고 하는 것과 같아요. 대표적인 것이 여성에 대한 차별 대우예요.

원래 이슬람 국가들은 다른 종교에 비해 여성의 권리가 약해요. 여기에 원리주의가 더해지자 여성들은 훨씬 불공평한 대우를 받게 되지요. 오늘날 몇몇 이슬람 국가에서는 사람들이 보는 길거리에서 여성을 돌을 던져 죽이는 일이 일어나기도 했어요. 단지 집안의 명예를 떨어뜨렸다는 이유로요. 바로 1,300년 전의 사형 방식이에요. 또 사우디의 여성은 운전을 할 수가 없고, 여성에게 투표권이 없는 나라들도 많아요. 여기에 외출할 때에는 반드시 얼굴만 드러내는 히잡이나 차도르를 입어야 해요. 아예 얼굴까지 꽁꽁 가리는 부르카를 입어야 하는 아프가니스탄의 여성들도 있고요.

난 이슬람 원리주의

알라를 위해 죽는 건 축복이다!

이슬람 원리주의자들은 특히 서양 문명에 대해 강한 혐오감을 갖고 있어요. 오늘날 이슬람이 서양 문명 때문에 타락했다고 믿거든요. 그래서 그들의 행동은 대단히 난폭해요. 심지어 알라를 위해 죽는 것은 축복이라고까지 생각하지요. 폭탄을 실은 오토바이를 몰고 건물로 돌진하거나, 민간 여객기를 납치해 건물로 돌격하는 자살 공격이 심심치 않게 나오는 것도 다 이런 이유 때문이에요.

이슬람에 원리주의가 있다면 기독교에는 근본주의가 있어요. 흔히 극과 극은 통한다고 하나요? 그래서 그런지 둘은 여러모로 닮은 점이 많아요. 이슬람 원리주의가 과거로 돌아갈 것을 주장하는 거라면, 기독교 근본주의는 성경으로 돌아가야 한다고 주장해요. 성경은 완벽한 책이므로 그 안에 모든 답이 들어 있다고 믿는 거죠.

이렇게 원리와 신념을 지나치게 강조하다 보면 인간을 위해 종교가 있는 것이 아니라 종교를 위해서만 인간이 존재하는 일이 일어나요. 인간보다 신념이 더 중요하니까요. 당연히 다른 종교는 인정하지 않지요. 실제로 둘 다 타 종교에 대해 대단히 공격적이에요.

2001년 3월, 이슬람 원리주의자들은 다이너마이트를 이용해 아프가니스탄에 있는 세계적인 불교 유적들을 파괴했어요. 한국의 일부 기독교 근본주의자들도 지금까지 700개 이상의 불상과 80개 이상의 단군상을 훼손했고요.* 이런 공격의 대상은 비단 종교 유물만이 아니에요.

2011년 7월, 노르웨이의 한 작은 섬에서는 70명이 총기 난사로 사망하는 끔찍한 사건이 일어났어요. 범인은 이슬람을 극도로 싫어하는 기독교 근본주의자였어요. 경찰에 체포된 그가 한 말은 이랬어요.

> **단군상 훼손**
>
> 일부 과격한 기독교인들은 단군 신화를 무속이나 우상 숭배로 치부하여 초등학교에 세워진 단군상의 목을 치거나 오물을 던져 훼손하는 일을 저지르기도 했다.

"잔인하지만 필요한 일이었다."

2001년 이슬람 원리주의자들은 미국에 9·11 테러를 가했어요. 무고한 시민 3천여 명이 희생되었지만, 그들은 뻔뻔하게도 지하드를 선언했지요. 화가 난 미국의 기독교 근본주의자들은 십자군 운동을 벌여야 한다고 목소리를 높였어요. 하지만 아무리 근사하게 표현해도 성전이니 십자군이니 하는 것은 결국 폭력과 상대방에 대한 미움을 미화하는 단어에 불과해요. 과연 그들이 완벽하다고 믿고 있는 코란과 성경에도 그렇게 적혀 있을까요?

> 이 땅에서 타인의 생명을 죽이는 것은 마치 인류를 모두 죽이는 것과 같다 – 코란 5장 35절
>
> 칼로 흥한 자는 칼로 망한다. – 마태복음 26장 52절

에필로그

나의 믿음이 중요한 만큼
다른 사람의 믿음도 존중받아야 한다.

종교의 자유와 책임

얼마 전, 개신교 신자들이 몰래 불교 사찰에 들어가 땅을 밟은 사건이 일어났어요. 신앙에 의한 행동이었다고 자랑스럽게 말하는 모습을 보니 참 씁쓸했지요. 땅 밟기는 3천 년 전 이집트에서 탈출한 유대인들이 멀쩡히 잘살고 있던 사람들의 땅을 빼앗을 때 써먹은 방법이에요. 강강술래 놀이처럼 성 주변을 일곱 바퀴 돌았더니 알아서 성이 무너져 내렸다는 구약 속에서만 존재하는 이야기지요.

실제로 그래서 성이 무너져 버렸는지는 모르지만, 그 땅은 인류 역사에서 가장 오래된 도시인 예리코란 곳이었어요. 더 놀라운 사실은 이런 일들이 더 이상 어제오늘 일도, 더 이상 일부 종교인들만의 이야기가 아니란 거예요.

현재 우리 사회는 심각한 종교간의 갈등을 겪고 있어요. 냉정하게 말하면 일부 개신교 신자들이 다른 종교에 증오를 드러내고 있는 상황이지요. 그 이유를 우리 사회에 종교가 너무 많기 때문이라고 해석하는 사람들도 있어요. 실제로 외국에서는 한국을 종교의 백화점, 혹은 세계 종교의 전시장이라고 해요. 불교와 유교, 개신교, 천주교, 이슬람교, 여기에 민족 종교인 천도교와 증산교, 대종교와 전통 신앙인 무속까지 뒤섞여 있으니까요. 불교를 믿는 국민이 23퍼센트로 가장 많고, 개신교가 18퍼센트, 천주교가 11퍼센트 순이에요. 기독교 중심의 서양과 이슬람교 중심의 아랍 국가들에 비해 한국은 세계에서도 드물게 동양 종교(불교, 유교)와 서양 종교(기독교)가 팽팽하게 균형을 이루고 있어요.

종교의 수가 많은 것이 무슨 문제가 되겠어요? 더군다나 대한민국은 법으로 종교의 자유를 보장하고 있는 나라예요. 종교를 선택할 수도 있고 전도할 수도 있지요. 다만 그 자유에는 지켜야 할 책임이 있어요. 내가 믿는 종교가 소중한 만큼 다른 종교도 존중하는 마음가짐 말이에요.

그런데도 자유만 누리려 하고 책임은 외면하는 일부 종교인들이 있어요. 심지어 남의 불행을 좋은 기회로 여겨 다른 종교를 공격하는 사람도 있지요.

개인적으로 가장 감동을 받은 이야기는 작년 부처님 탄신일과 성탄 때였어요. 불교의 가장 큰 명절인 부처님 탄신일 때 교회와 성당에서 '아기 부처님 탄생을 축하합니다!'라는 현수막이 내걸렸어요. 7개월 뒤, 성탄절 때는 사찰들 입구에 '아기 예수의 탄생을 축하합니다!'라는 현수막이 걸리고 스님들이 직접 성당과 교회를 찾아가 미사와 예배에 참석한 일이었어요.

올바른 종교 생활이란 무엇일까요? 서로 다른 종교들 사이에서 '틀린 것'이 아니라 '닮음'을 찾는 자세가 아닐까요. 비록 이름도 다르고, 믿는 신도 다르고, 경전 또한 같지 않지만 모든 종교에는 공통점이 있어요. 바로 선을 실천하는 것이에요. 불교에서는 그것을 자비라 부르고, 기독교에서는 사랑과 용서, 이슬람교에서는 평화라고 하지요.

> 모든 종교는 같은 지점을 향해 나아가는 여러 갈래 길입니다. 목적지가 같다면 다른 길을 간다고 해서 문제될 것은 없습니다.

힌두교와 이슬람교로 쪼개진
인도의 화합을 위해 평생을 노력한 간디의 말은
종교가 나아가야 할 방향을 명확하게 알려 줘요.
여러분은 어떻게 생각하나요?